아들아, 혼자 공부하는
즐거움을 아느냐

이경자 · 류재형 지음

HANEON.COM

아들아, 혼자 공부하는 즐거움을 아느냐

펴 냄   2007년 7월 5일 1판 1쇄 박음 / 2007년 7월 10일 1판 1쇄 펴냄
지은이   이경자·류재형
펴낸이   김철종
펴낸곳   (주)한언
          등록번호 제1-128호 / 등록일자 1983. 9. 30
주 소   서울시 마포구 신수동 63-14 구 프라자 6층(우 121-854)
          TEL. 02-701-6616(대) / FAX. 02-701-4449
책임편집 김훈태 htkim@haneon.com
디자인   김신애 sakim@haneon.com
홈페이지 www.haneon.com
이메일   haneon@haneon.com

ISBN 978-89-5596-433-2 03320

아들아, 혼자 공부하는
즐거움을 아느냐

엄마 아빠가 아이의 가장 훌륭한 스승입니다.
함께 공부하는 즐거움을 만끽하세요.

To

From

아이 스스로 공부하도록 돕는
부모가 최고다

지난해 가을, 재형이의 입학식이 있었다. 뉴헤이븐 *New Haven* 에 위치한 예일대는 300년이 넘는 전통을 자랑하며 우뚝 서 있었다. 고풍스런 건물과 잘 정돈된 캠퍼스, 높은 시계탑은 나를 설레게 했다. 유명한 정치가, 학자, 법률가 등 헤아릴 수도 없이 많은 위인들을 배출한 역사적 장소에서 재형이가 4년간 생활하게 된다니 믿기지 않았다. 기숙사도 둘러보고 식당에 들러 학교가 제공하는 점심도 먹어보니 그제야 실감이 났다. 나는 학부모 자격으로 학장, 총장과 악수를 하는 과분한 영광도 누렸다. 아이와 힘을 합쳐 예일대 합격을 이루어냈다는 게 지금도 믿기지 않는다.

나는 아이를 학원도 보내지 않았고 고액 과외나 족집게 과외는 엄두도 내지 못했다. 그저 평범한 경제수준의 평범한 부모로서 내가 할 수 있는 일을 했을 뿐이다. 그렇다고 우리아이가 비범한 재주를 타고났다고도 생각지 않는다. 다른 엄마들처럼 한국의 평범한 전업주부로서 자녀를 잘 키워보고 싶은 관심과 열정이 있을 뿐이다. 나의 교육철학을 묵묵히 실천했을 뿐인데 엄청난 선물이 주어진 것이다. 나는 아이를 믿었고 아이와 함께한 시간과 아이의 발전을 보는 것이 그저 기뻤다.

내가 이 책을 쓰게 된 이유는 두 가지다. 하나는 나와 아들, 그리고 우리 가족을 돌아보고 싶었다. 아이를 키우면서 느꼈던 희로애락, 그리고 그 과정에서 다져진 '팀워크'를 되짚어보자는 것이었다. 재형이의 예일대 합격은 우리 가족에게 하나의 커다란 전환점이기 때문이다.

다른 하나는 우리나라의 다른 부모들에게 자녀교육과 공부에 관한 나름대로 방향을 제시하기 위해서다. 물론 주변에서 '어떻게 하면 그렇게 공부를 잘할 수 있냐'는 질문을 많이 받곤 한다. 그럴 때마다 나는 당혹스럽다. 그들은 간단명료한 대답을 원하지만 그것이 어디 말 한마디로 끝날 주제인가? 설령 그것을 한 문장으로 표현하더라도 실천하는 것이 더 중요한데 그러려면 몇날며칠을 얘기해도 끝이 없다. 그들의 궁금증을 해소하고 나만의 노하우를 알려주기 위해 이 책을 쓰게 된 것이다.

물론 자녀교육엔 정답도 없고 새로운 방법이 있는 것도 아니다. 나의 방식이 무조건 옳으니 따르라고 강요할 수도 없다. 아이에게 주어진 환경과 능력에 따라 자신만의 자녀교육법이 필요하다. 그러나 확실한 것은 학원만이 능사는 아니라는 것이다. 우리나라 부모들의 가장 큰 약점은 바로 사교육에 의존해야 아이가 공부를 잘한다는 편견이다. 물론 공교육을 신뢰하지 못하고, 남들 다하는데 자신만 안 하자니 불안하다는 것도 인정한다. 그러나 거기에 얽매여 있는 한 진정한 공부와는 점점 멀어지고 만다.

내가 강조하는 자녀교육법의 핵심은 '아이 스스로 공부할 수 있는 여건을 만드는 것'이다. 스스로 공부하기 위해선 공교육이 중심이 되어야 한다. 아무리 사교육이 좋아도 공교육을 대신할 수는 없다. 그런데 공교육보다 사교육을 더 신뢰하는 부모가 많아 안타깝다. 나는 공교육에 기반을 둔 학습에 나의 노력을 더했을 뿐이다. 내가 남들과 다른 점이 있다면 나보다 먼저 아이를 지도해본 사람들의 경험을 믿고, 아무리 사교육의 유혹이 밀려와도 흔들리지 않는 뚝심으로 버텼다는 것이다. 아이를 사랑하는 마음과 믿음만 있다면, 엄마의 역할이 중요하다는 것을 안다면 지금 바로 시작해보자. 누구든 해낼 수 있다.

그동안 인내하며 기다려준 나의 든든한 후원자인 남편에게 감사하며 미국생활에 도움을 주신 프린스턴 지역 교민 여러분께도 고마운 마음을 전한다.

2007년 6월 평택에서

이경자

목표에 대한 열정 하나면
충분하다

미국에서 4년 반이란 길고도 짧았던 시간을 보내고 2006년 여름 드디어 귀국했다. 그토록 그리워하던 아버지, 할머니, 할아버지를 뵐 마음에, 제대로 만든 김치를 먹을 수 있다는 생각에, 그리고 힘겨웠던 고등학교 시절의 짐을 잠시나마 풀 수 있다는 기대감에 가득 차 공항에 내려섰다.

그런데 인천공항에서 날 마중 나오신 아버지는 옛날의 젊고 강인한 아버지가 아니었다. 간간히 보이던 흰머리가 머리를 반이나 덮었고, 우산에 기댄 채 구부정하니 서 계신 모습이 안쓰러워보였다. '아! 나 때문에 고생을 많이 하셔서, 가족과 떨어져 외로움을 홀로 삭이시느라 저렇게 여위셨구나!' 4년 반 만에 뵌 아버지 앞에서 나는 결국 그칠지 모르는 울음을 터뜨렸다. 나는 서럽고 힘들었던 세월을 그렇게 되새기고 있었던 것이다. 그러면서도 한편으로 내 자신이 대견스러웠다. 미국으로 떠나면서 했던 나와의 약속을 지켰기 때문이다.

솔직히 난 예일대 같은 IVY리그에 진학할 수 있으리라 생각해 본 적은 별로 없다. 물론 기대한 적은 있지만 가능하다고 생각하진 않았다. 부모님도 마찬가지였다. 그곳은 천재들만 가는 학교로 보였고 난 분명히 천재가 아니었다. 그런데 결과는 합격이다! 무엇이 나의 불가능한 도전을 성공으로 이끌었을까?

성공 요인은 두 가지다. 첫 번째는 목표에 대한 집념이다. 끈질김이라 해도 좋고 투지라고 해도 좋다. 남들보다 먼저, 더 많이 이뤄내기 위해서는 목표를 끝까지 이루고 말겠다는 집념이 필요하다. 분명 중간에 포기하고 싶은 순간이 있었다. 또 나의 두뇌와 체력에는 한계가 있기 마련이다. 그때마다 어김없이 위력을 발휘하는 것이 집념이다. 세상에는 생각만으로 이루어지는 것도 없고 단 한번의 손쉬운 노력으로 얻어지는 것도 없다. 솔직히 그 집념만 있으면 누구나 목표로 하는 대학에 갈 수 있다. 만약 우리가 어떤 일에 실패했다면 그것은 우리가 절실히 원하지 않았거나 끝까지 집념을 보이지 않았기 때문이다. 난 고등학교 내내 영어 과목이 힘겨웠다. 내가 그것을 극복하는 방법은 읽고 또 읽고 반복하는 것뿐이었다. 제출해야 하는 에세이는 선생님께 미리 읽어봐 달라고 부탁하면서 영어에 남다른 열정을 투자했다.

두 번째는 내 인생에서 소중한 사람들과 나의 성공을 함께 나눈다는 마음가짐이다. 물론 이 말이 남을 위해서 공부하라는 뜻은 절대로 아니다. 무엇이든지 자신을 위해서 공부하는 것이 가장 중요하다. 하지만 내게 중요한 다른 사람들을 내 인생으로 끌어들일 때 끈기와 열정이 더 샘솟는다. 즉 나의 대학진학이 부모님을 얼마나 기쁘게 만들지 혹은 나의 성공을 얼마나 많은 친구들이 축하해줄지 생각하면 더 힘이 났다. 나의 성공은 단순히 나만의 전유물이 아니라 우리 가족과 나, 사랑하는 사람들과 함께 나눌 수 있음을 떠올렸다. 나로선 특히 부모님을 생각하면서 많은 힘을 얻었다. 가족을 반으로 동강내면서까지 나를 이 낯선 땅으로 보내주신 부모님의 열정을 져버릴 수는 없었다. 자신이 이룰 성공의 기쁨에 가족을 포함시켜라. 물론 이것을 더 확장해나가면 나의 성공의 기쁨을 전 인류와 공유할 수 있을 것이다. 그러면 그들의 에너지도 함께 받아 더 큰 힘을 낼 수 있다.

나는 결코 특별하지 않다. 이런 내가 IVY리그 대학에 진학하는 길은 오직 하나, 목표에 대한 집념을 유지하는 것이었다. 지치고 힘들 때면 주변에 힘이 되는 사람들을 생각하며 인내했다. 하지만 그것을 즐겼다. 결국 나를 위한 일이므로 어떤 시련도 기꺼이 감내했다. 그 집념과 투지는 나에게만 있는 것이 아니라 우리 모두 가지고 있다고 생각한다. 그 집념과 투지를 발견하고 유지한다면 누구나 원하는 것을 얻으리라 믿는다.

2007년 6월 멕시코에서

류재형

contents

start

CHAPTER 01

아들아,
공부는 혼자 하는 거란다

아들아, 공부는 혼자 하는 거란다

● 목표를 세우고 스스로 움직이는 아이

세계적인 디자인 회사 '이노 디자인'의 창립자인 김영세 대표는 언젠가 한 TV 프로그램에서 자신이 산업 디자인에 빠지게 된 계기를 설명한 적이 있다. 그는 중학교 3학년 때 우연히 친구 집에 놀러 갔다가 산업 디자인에 관련된 한 잡지를 보면서 머리가 멍해지는 느낌을 받았다고 한다. 그리고 그 이후 그는 산업 디자인에 심취해 응용미술학과에 진학한다. 마침내 미국으로 유학을 떠난 다음 실리콘 밸리에 한국인 최초로 디자인 회사를 차렸다.

그후 그는 아이리버의 MP3 플레이어(빌 게이츠가 극찬한), 애니콜 핸드폰 등을 통해 독보적인 디자인을 선보이며 디자인계의 아카데미상으로 불리는 미국 IDEA에서 각종 상을 휩쓸었다.

이처럼 목표를 스스로 발견하고 그것을 향해 매진한 사람은 열정적으로 일하며 자신의 일에 만족하고 자신의 분야에서 최고가 될 수 있다. 그러나 운명처럼 자신의 목표(=비전)를 계시 받기란 쉬운 일이 아니다. 대부분은 여러 활동을 접하면서 자연스럽게 자신의 목표를 찾고 만들어가며 확신하게 된다. 우리아이도 그렇게 자신의 목표를 발견했다. 우리아이의 목표는 신경외과 분야에서 세계적인 권위자가 되는 것이다. 물론 나는 아이에게 의사가 되어야 한다고 강요한 적이 없다. 단 그런 선택을 할 수 있도록 환경을 만들어주고 다양한 정보와 자극을 줬을 뿐이다. 그러자 아이 스스로 자신의 목표를 정한 것이다.

그렇다면 아이가 스스로 목표를 발견하도록 도와주기 위해서 부모는 무엇을 해야 할까? 나는 우리아이에게 세상이 넓다는 것을 보여주기 위해 여행을 많이 다녔다. 우리나라는 물론이고 외국도 되도록 많이 보여주고 싶었다. 앞으로 우리아이가 살아가야 할 세상은 대한민국에 국한되지 않을 테니까 말이다. 세계를 무대로 능력을 펼치는 인재가 되길 바라며 꿈꿔왔다. 즉 다양한 가능성을 염두에 두도록 배려했다. 자신이 보고 듣고 경험한 세계가 바로 꿈의 크기와 방향을 결정한다고 믿기 때문이다.

우리아이는 특히 과학을 좋아했다. 과학을 좋아한다면 좀더 많은 정보와 자극을 주고 싶었다. 그래서 〈과학 동아〉 같은 잡지를 정기적으로 구독해(3년) 과학 분야의 큰 흐름을 이해하도록 도와주었다. 또 서울대학교 영재교육센터에 보낼 기회가 있었는데, 아이는 생물 분야에서 1년간 연수를 받으며 남다른 관심을 보였다. 생물에 대한 재능은 미국에 와서도 이어져 과학 올림피아드 대회에서 유전학, 세포학 분야에선 뉴저지 결선까지 진출해 모두 금메달을 따기도 했다.

이러한 성장과정을 거치면서 아이는 신경외과에서 세계적인 권위자가 되기위해 공부하고 있다. 그동안 심혈을 기울여 온 생물이나 화학은 그러한 목표를 달성하는 데 필수적인 코스다. 고등학교 때 미리 'AP(고등학교에서 실시하는 대학수준의 수업) 화학', '유기화학' 등의 학점을 취득해놓은 상태라 아이는 다른 아이들보다 유리한 고지를 점령한 셈이다. 만약 그때 의학을 공부하겠다는 목표가 없었다면 좀더 쉬운 과목, 점수 따기 쉬운 과목을 들었을 것이다. 그러면 점수는 쉽게 땄을지 몰라도 자신의 목표를 달성하는 데는 그다지 도움이 되지 않았을 것이다. 우리아이는 예일대에서 화학과 국제정치학을 복수 전공할 예정이며 졸업한 뒤에는 의대에 진학할 것이다. 목표가 분명한 만큼 방황하거나 고민할 필요도 이유도 없다. 자신의 목표를 이루기 위해서 여름방학을 이용하여 아프리카 의료봉사도 다녀오고 각종 인턴십 프로그램에 지원하여 경험을 쌓아야 한다.

목표가 분명하고 구체적이면 여러 가지 이점이 있다. 흔들림없이 자신의 길을 갈 수 있는 힘이 생기며 다른 사람과 세상을 위해 기여하겠다는 큰 그림도 그릴 수 있게 된다. 그뿐만이 아니다. 목표가 뚜렷할수록 그에 따른 전략과 계획을 세울 수 있으며 현재 무엇에 집중해야 하는지 깨달을 수 있다. 즉 목표를 안다는 것은 지금 현재에 집중할 수 있는 힘을 준다고 해도 지나친 말은 아니다. 공략해야 할 타깃이 무엇인지 아는 사냥꾼만이 끈질기고 집중적으로 물고 늘어질 수 있다.

● 결과에만 집착하는 삼류 부모

초등학교에 아이를 보내고 나면 엄마의 일이 많아진다. 그중에 하나가 아이들 과제물 챙기기이다. 이것은 아이가 혼자 할 수 없는 일이다. 그래서 엄마들은 "아이 숙제인지 엄마 숙제인지 모르겠다"며 볼멘소리를 한다. 나도 그때는 짜증이 났고 왜 교육부에서 그렇게 하는지 이해할 수 없었다. 하지만 내가 아이를 직접 가르쳐보면서 그 이유를 이해하게 되었다.

교육부에서는 학습과정에 부모를 동참시키고자 숙제를 내주는 것이다. 저학년일수록 엄마가 도와주어야 할 숙제가 많다. 이 또한 일리가 있다. 공부하는 습관은 어려서 심어주어야 하고 이것은 엄마가 아닌 그 누구도 대신 할 수 없는 일이다. 아이와 함께 숙제를 하다 보면 아이의 재능이라든지 관심 분야도 알게 되고 대화거리도 생긴다. 이것은 매우 중요한 문제다. 흔히 대한민국 부모들은 아이의 재능과 상관없이 사회적으로 선망의 대상인 직업을 맹목적으로 선호한다. 물론 그런 직업들에는 매력적인 요소가 분명히 있다. 그러나 그보다 더 중요한 것은 아이가 그 일을 즐기며 할 수 있는 적성과 기질을 갖추고 있느냐이다.

재형이의 경우에 비춰보건대 흥미를 느끼는 것이 곧 재능을 잘 발휘할 수 있는 분야이다. 나는 다양한 자극을 주고 아이의 반응을 살펴보았다. 음악이나 미술, 운동 등 다양한 활동을 접하도록 했지만 우리아이는 별 생각 없이 움직였다. 그러나 흥미 있는 분야에서는 집중력을 보였고 싫증내는 일 없이 깊이 빠져들었다. 재능이란 노력 없이 그냥 타고 나는 것은 아니다. 흥미를 바탕으로 끊임없이 발전시킬 수 있도록 부모가 환경을 만들어줘야 한다. 우리아이는 이야기를 좋아했는데, 끊임없이 이야기를 듣다 보니 글을 일찍 깨치게 되었고 그로 인해 책을 더 많이 읽게 되었다. 이것은 공부하는 데 필요한 사고력을 균형 있게 발전시킨다고 믿는다.

나는 아이가 중학교를 들어가기 전 방학을 어떻게 보낼 것인지 고민한 적이 있었다. 많은 엄마들이 아이를 중학교 대비 학원에 보낸다고 해서 나도 재형이를 학원에 보내려고 방문한 적이 있다. 시간표를 보며 어떠한 내용으로 지도하는지 물어봤다. 국어는 그냥 문제집을 푸는 것이고, 영어는 처음 영어를 접하는 수준이라 이미 선행학습이 이루어진 재형이와는 수준이 맞지 않았다. 그리고 수학은 내가 가르쳐도 될 내용이었다.

등록을 포기하고 돌아온 나는 직접 아이를 가르치기로 마음먹었다. 학원 시간표와 똑같은 시간표를 만들었다. 50분 수업, 10분 휴식을 철저히 지키기 위해 조그만 종도 하나 사서 시간이 되면 손으로 흔들며 재미있게 공부했다. 오전이면 모든 수업이 끝나는데, 나는 아이에게 맛있는 떡볶이도 해주고 좋아하는 자장면도 사주었다. 그리고 오후에는 책을 보든지 놀든지 알아서 하라고 아이의 판단에 맡겼다.

이러저러한 학원을 다니지 않으니 시간적 여유도 많아서 우리

아이는 공부한다는 부담감이 없었다. 또 아이를 직접 지도함으로써 좋은 점은 아이에 대해서 잘 알 수 있고 쓸데없는 기대를 하지 않게 된다는 것이다. 그러니 실망할 일도 없고 아이와 아주 밀접한 관계가 된다. 미국에 가기 전까지 이런 학습법으로 아이를 내가 직접 지도하였다. 어려운 내용은 아이가 학교 간 사이 내가 공부하여 가르치곤 했는데 어찌 일사천리로 가르쳤겠는가. 뭔가를 함께 고민하며 성취해낸다는 쾌감을 공유한다는 것은 부모와 자녀 사이의 끈끈한 유대관계를 위해서도 매우 중요하다. 어려운 일을 함께 겪은 친구들의 우정이 더욱 돈독하듯이 말이다. 어려운 문제는 아이와 머리를 맞대고 같이 풀어보고 시험기간이 되면 시험대비 시간표도 짜주고 암기과목은 예상문제도 만들어 묻고 답했다. 나중에는 음악이며 미술까지도 같이 하자고 덤비며 나를 귀찮게 하였다. 이렇듯 같이 공부하였으니 성적은 그다지 중요하지 않았다. 결과가 나쁘면 다음에 더 하면 그만이었다. 왜냐하면 모든 시험은 하나의 과정이지 그 자체가 인생 전체의 성적표이거나 결과는 아니기 때문이다.

그런데 재형이가 중학교 1학년 2학기 중간고사 수학시험을 망친 일이 있었다. 지름과 반지름을 모두 그려야 하는데 반지름을 그리지 않은 것이다. 주관식이라 배점이 많아서 총점은 물론이고 석차도 많이 내려갔다. 그러자 친구들은 재형이 걱정을 해준 모양이다. 성적이 떨어졌다든지 목표했던 결과를 얻지 못한 아이들은 성적표를 받으면 걱정이 이만 저만이 아니다. 엄마한테 야단맞을까봐 두려운 것이다.

그러나 재형이는 '우리 부모님은 절대로 결과를 가지고 야단치지 않는다'고 하니 아이들이 부러워했다는 것이다. 그렇다. 우리 부부는 한 번도 결과를 가지고 나무란 적은 없다. 다만 시험 준비에 소홀할 때는 야단을 쳤어도 결과에 늘 승복했다. 오히려 아이가 틀린 문제를 가지고 아쉬워하면 "그만 됐다. 지나간 일이니 잊어버리고 다음에 더 잘하면 돼. 무엇보다 내일 시험이 급하지 않니? 잊어버릴 것은 빨리 잊어버려. 지난 일을 자꾸 생각하면 현재에 집중할 수 없잖니. 자꾸 그 일을 떠올릴수록 소중한 이 시간을 잃는 것이란다. 그리고 네가 모르는 내용도 아니고 실수한 것인데 뭐 어쩌겠니? 다음에 조심하는 수밖에." 이렇게 대수롭지 않게 여기면 아이도 금방 일상생활로 돌아온다. 만약 실수로 틀린 문제에 대해 부모가 지나치게 책임을 추궁하거나 나무라면 아이는 자신감을 잃게 된다.

최고의 골퍼는 어처구니없는 샷을 날리고도 금방 거기서 헤쳐 나올 수 있다. 즉 자책만 하지 않고 궁지에서 벗어나기 위해 새로운 방법을 고민한다. 여기서 강조하고 싶은 것은 누구나 실수를 한다는 사실이다. 그런데 만약 부모가 아이의 실수에 대해 나무라고 평가에 연연하는 모습을 보인다면 아이는 실수에 대한 걱정, 두려움, 실수하지 않아야 한다는 부담감 때문에 스트레스를 받는다. 누구나 실수를 한다는 사실을 명심해라. 단 위대한 성취자들은 그 실수에서 재빨리 벗어나는 방법을 알고 있다. 우리가 최고의 농구선수로 생각하는 NBA 스타 마이클 조던도 실수를 많이 한다. 하지만 그는 실수에서 재빨리 벗어날 줄 안다. 실제로 1993년도 NBA 챔피언 결승전 비디오를 보면 마이클 조던은 숱한 실수를 저지른다.

조던은 실수를 해도 그것을 의식하는 듯한 반응을 보이지 않는다. 어처구니없는 행동을 하더라도 금세 다시 공을 잡고 위치를 잡는다. 오히려 혀를 내밀고 누군가에게 윙크하거나, 골을 향해 나아갈 기회만 살피는 눈빛은 마치 방금 최고의 플레이를 보여준 사람처럼 보이기까지 한다. 사람들은 조던의 이러한 점에 매료된다. 그는 실수했다는 사실조차 모르는 사람 같다. 실수를 반복할까봐 걱정하는 사람과 다른 것이다.

●●● 존 엘리엇,《거만한 놈들이 세상을 바꾼다》 중에서

성적표를 가지고 아이를 야단치는 부모는 삼류 부모다. 성적이 떨어질 수밖에 없는 여러 원인들을 왜 지켜만 봤는가? 왜 그 원인들이 발생할 때 적극적으로 개입해서 바로 잡아주지 못했는가? 이것은 부모의 책임유기다. 그런 결과가 발생하도록 방치해놓고선 아이들에게 덤터기를 씌운다. 일류 부모라면 당연히 자녀가 공부하는 과정에 참여해야 한다. 아이는 얼마든지 잘못된 선택과 판단을 할 수 있다. 그것을 유심히 관찰하여 제대로 된 방향으로 이끌어줘야 한다.

그러나 대부분 부모들은 아이가 어떻게 효율적으로 공부하는지에 대해서는 관심도 없고 그냥 책상에 오래 앉아 있기만을 바란다. 아이가 즐겁게 공부하는 방법을 찾도록 도와줘야 하는데 말로만 다그치다가 부모가 먼저 제풀에 지친다. 그래서 협박을 한다. "그래 너 두고보자. 성적 떨어지면 각오해!" 그러면 아이는

한번쯤 앞날을 걱정하는 듯하다가 뒷일을 생각 않고 일단 놀고 본다. 떨어진 성적을 두고 후회해봐야 때는 늦고, 결과를 가지고 나무라면 모자지간에 벽만 높아진다. 그러므로 결과에 너무 집착한 채 아이를 협박하지 말고 부모가 아이의 학습과정에 적극적으로 참여해야 한다.

● 버릇 있는 아이가 공부도 잘한다?

나는 사실 엄한 엄마였다. 엄하다는 것과 무섭다는 의미를 혼동하지 않았으면 좋겠다. 엄하다는 것은 일관성과 일맥상통한다. 나는 재형이가 혼자 크는 아이라 혹시라도 이기적이고 배려심, 협동심이 부족할까봐 걱정이 되어 아이를 좀 혹독히 다룬 면이 있다. 원칙 없이 아이의 요구사항을 모두 들어주거나 잘못된 선택과 행동을 했을 때 문제점을 지적하지 않고 그냥 넘어가면 점점 커가면서 부모의 충고나 조언을 무시하는 경향이 강해진다. 반면 일관된 가치관과 기준으로 엄하게 키우면 어릴 때 엄마에 대한 강한 인상은 그대로 남게 되고 계속해서 부모가 아이를 지도할 때 우위를 선점할 수 있다. 그리고 나면 아이를 통제할 수 있게 된다. 아이를 부모의 의도대로 통제한다는 것을 부정적으로 생각해서는 안 된다. 아이들은 아직 온전한 성인이 아니기 때문에 언제 어떤 상황에서 잘못된 방향으로 성장할지 알 수 없다. 그것을 바로 잡아줄 수 있는 사람이 바로 부모인데, 부모가 자녀에 대해 그 정도의 영향력을 행사할 수 없다면 아이가 어긋난다 해도 수수방관할 수밖에 없다.

그런 의미에서 나는 공부를 잘하는 것보다 더 중요한 것이 있다고 생각한다. 그것은 먼저 사람을 만드는 일이다. 세상을 살아가는 데 필요한 상식과 교양, 이것 없이는 아무리 훌륭한 성적을 가진 우등생이라도 결국 우리 사회가 원하는 인재상이 될 수 없다. 먼저 사람을 만들어야 하는데 사람 만드는 과정은 유치원에서 끝난다. 즉 초등학교 들어가기 전에 마쳐야 한다. 《내가 정말 알아야 할 모든 것은 유치원에서 배웠다》라는 책도 있듯이 아이에게 가치관을 심어주는 것은 어릴때 일수록 좋다. 부모가 아이를 마냥 어리게만 보아서 응석을 받아주다 보면 그것이 굳어져 나중에 부모도 감당할 수 없을 정도가 되어버린다. 급기야 사춘기에 들어서면 통제불능이 되는 경우를 종종 본다. 이래서는 공부 잘하는 아이가 되기 힘들다. 게다가 공부만 잘하는 아이가 과연 우리 사회가 원하는 인재일리 없지 않은가?

아이를 지도하려면 엄마가 통제할 수 있는 능력을 갖추어야 한다. 그것은 강압적인 분위기를 연출한다고 해서 생기는 것이 아니다. 아이를 통제하기 위해서는 원칙을 정해야 한다. 첫 번째로 내가 가장 먼저 시작한 것은 존댓말 쓰기이다. 존댓말을 어려서부터 가르치지 않으면 나중에는 이미 언어습관이 굳어진 상태라 엄마의 위상을 높이기 어렵다. 존댓말이 별 것 아닌 것 같지만 그렇지 않다. 존댓말은 말을 함부로 못하게 하는 힘이 있다. 존댓말 욕이 없는 것은 그러한 이유가 아니겠는가. 그리고 응석받이식 말투도 고칠 수 있다. 코맹맹이 소리로 어리광을 부리려 할 때 "말 똑바로 해야지?" 하면 아이는 금방 태도를 바꾸어 존댓말을 하게 된다.

두 번째로 어른이 하는 말은 반드시 따르도록 만들어야 한다. 세상에 어떤 부모가 자식에게 나쁜 것을 가르치겠는가? '엄마 말을 들으면 자다가도 떡이 생긴다' 며 강조해라. 내가 아는 A 엄마는 A를 서당으로 보낸다고 했다. 그 서당은 예절 교육도 시키기 때문이란다. 너무나 신청자가 많아서 한 달은 기다려야 하는데, 옛날 방식 그대로 아이가 잘못하면 가차없이 매를 든다고 한다. 서당을 다닌 이후 아이들이 달라졌고 실제로 자기 아이 역시 다른 사람 말은 안 듣는데 사부님 말은 듣는다고 말했다. 나는 이 얘기를 듣고 A 엄마가 한심하다고 생각했다.

우리는 어찌하여 집에서 해야 할 예절 교육까지도 사교육의 힘을 빌려야 하는가. 어른 말씀은 귀담아 들어야 한다는 것은 유치원에서 끝내야 하는 것이다. 초등학교에 와서 사교육의 힘을 빌릴 일이 아니다. 그래야만 선생님을 존경하고 그런 선생님으로부터 사랑 받고 싶어서 공부도 열심히 하고 학교생활도 즐겁게 할 수 있다. 우리아이 같은 경우는 아무개 선생님이 자기를 좋아한다는 얘기를 나에게 자주 하곤 했다. 나중에 더 자세히 얘기하겠지만 이런 경우는 미국에 가서도 계속되었고 꾸준히 공부할 수 있는 밑거름이 되었다.

세 번째로 나는 어릴 때 아이를 혹독히 다루고 시간이 지나면서 점점 풀어주는 방법을 택했다. 남자아이들은 엄마의 존재를 우습게 여기는 경우가 많다. 엄마가 왜 용돈이나 주고 밥 차려주는 존재로 전락해야 한단 말인가? 나중에 이런 대접을 받지 않기 위해서라도 어릴 땐 엄마가 엄격하다는 것을 알 필요가 있다. 처음엔 절대적인 존재로 아이를 통제하다가 아이가 자람에 따라 조금씩 더 허용범위를 넓혀가는 것이다. 그렇게 하면 아이는 부담을 덜 느끼게 된다. 사람은 불편하다가 편해지는 것에는 쉽게 적응하지만 편하게 지내다가 조금만 불편해지면 참기가 힘들어진다. 마찬가지로 엄격함의 정도를 조금씩 풀어주면 아이는 고마움을 느낀다. 그리고 아이가 주장하는 바를 조금씩 들어주면서 대화의 폭을 넓히는 것이 좋다.

아이가 어릴 때는 귀여워서 대부분의 부모들이 응석을 받아준다. 그렇게 크면 아이들은 절제심도 잃어버리고 엄마가 조금만 엄격하게 대해도 매우 갑갑해하며 반발한다. 머리가 굵어짐에 따라 자기 나름의 생각이 자리 잡히면서 편리한대로 해석해버려서 생기는 현상이다. 아이들은 우리가 생각하는 것보다 더 영리하다. '지금은 어리니까 괜찮겠지' 하는 생각을 하고 나쁜 습관이나 생각, 행동들을 방치하면 나중엔 그것을 바로잡기가 무척 힘들어진다. 그러면 학업에 집중하는 데 써야 할 시간과 에너지가 그것을 바로잡는 데 쓰이게 된다. 이것은 부모나 아이를 위해서 모두 손해다. 어릴 적부터 올바른 가치관, 행동과 습관을 심어주자. 이렇게 하지 않으면 나중에 공부를 못하는 것보다 더 골치 아픈 일이 생기고 만다. 즉 올바른 가치관, 행동, 습관을 어릴 적(빠를수록 좋다)에 심어주는 것은 나중에 공부를 잘할 수 있는 가장 중요한 조건이 된다.

그러니 '때가 되면 다 알아서 하겠지, 학교에 다니면 달라지겠지, 어른이 되면 달라지겠지'가 아니라 어릴 때부터 부모가 직접 챙기고 가르쳐야 한다. 학교 선생님도 학원 선생님도 할 수 없는 일이다. 인간의 기본교육은 가정에서 이루어져야 한다. 모든 부모는 자식을 사랑한다. 그러나 그런 자식을 위해서 사탕을 주는 부모도 있고, 매를 드는 부모도 있다.

● 독립적인 아이가 자라서 스스로 목표를 찾는다

나는 아이를 키우면서 아이의 나이에 걸맞는 집안일도 시켰다. 절대로 공부만 하라고 하지는 않았다. 물론 학생에겐 학교 공부가 중요한 일이지만 인생을 살아가는 데는 다양한 공부가 필요하지 않은가? 공부하는 게 대단한 벼슬인 양 숙제를 핑계로 꼭 해야 할 다른 일이나 심부름을 미루게 해서는 안 된다. 자기가 할 일은 자기가 해야 한다는 것을 명확히 심어줘야 한다. 나는 아이가 학교를 입학하면서부터 아이의 책가방을 챙겨주지 않았다. 아이들은 아무리 하찮은 일이라도 스스로 경험하면서 많은 것을 배운다. 그런데 왜 부모들은 보살핌이라는 이유로 그런 기회를 빼앗는단 말인가! 그것은 단지 과잉보호일 뿐이다. 학교 입학 후 처음 한 달 정도 책가방 챙기는 방법을 가르쳐주고 난 다음부터는 혼자서 하게 했다. 이것은 너무나도 당연한 얘기다. 그럼에도 불구하고 대부분의 아이들은 스스로 자신의 책가방을 챙기지 않는다. 아이가 하는 일이 서투르고 안쓰러워 엄마가 대신 해주는 것이다. 그런데 제발 그러지 마라. 작은 습관 하나가 아이의 인격 형성에 큰 영향을 미친다.

2학년이 되면서부터는 혼자서 밥을 챙겨 먹는 법을 가르쳤다.

처음에는 전자레인지로 국을 데워서 먹되 전자레인지에 들어갈 수 없는 용기를 얘기해두었다. 밥을 다 먹은 뒤 반찬은 뚜껑을 닫아 냉장고에 넣어두고 빈 그릇은 개수대에 담가놓고 식탁을 닦는 것까지 자신의 일이라고 가르쳤다. 3학년이 되어서는 가스레인지 사용법을 알려주었다. 그것이 얼마나 위험한 것인지, 어떻게 다루어야 하는지, 국을 데워 먹는 것까지 혼자 할 수 있게 하였다. 주변에서는 위험한 일을 시킨다고 걱정했다. 나는 그들에게 되묻고 싶다. 그렇다면 가스레인지 사용법을 익히기에 몇 살이 가장 안전한 나이냐고. 어른도 부주의하게 사용하면 위험하기는 매한가지다. 언제고 피할 일도 아니고 맞벌이 부부라면 엄마를 기다리다 굶는 것보다 낫지 않은가? 중간 밸브 잠그는 일까지 꼼꼼하게 챙기라고 일러두면 되는 일이다.

3학년이 되면서부터는 "너도 가족의 일원이니 집안일에 동참하여야 한다"며 시킨 일이 쓰레기 분리수거였다. 그리 큰 힘이 필요한 일도 아니고 어떻게 분류해야 하는지 알기 때문에 어려운 일은 아니라고 생각한다. 언제든 생각 날 때마다 하라고 일러두었더니 아이는 1층으로 내려갈 일이 있으면 병이든 캔이든 한두 개 씩 들고 내려가곤 했다. 어느 날은 재형이가 분리수거할 재활용품을 든 채 학교 가는 길에 아래층에서 아이의 친구 엄마를 만났다. 재형이를 안쓰럽게 보았는지 그 친구의 엄마는 자신이 하겠다며 두고 가라고 한 모양이다.

다음날도 그렇게 하다 결국 나에게 들켰다. "그냥 아줌마가 해주겠다고 해서 두고 왔어요." "네가 할 수 있는 일인데 왜 남에게 그런 수고를 하게 하느냐. 엄마가 할 수 없어서가 아니라 가족은

집안일을 분담해야 하는거야"라고 일러두었다. 아래층 엄마에게
도 고맙지만 아이를 지도하는 일이니 혼자 하게 두어야 한다고
부탁했다. 그때 그 엄마는 뭐 그렇게까지 하느냐고 했지만 지금
은 나에게 자식농사를 잘했다고 하며 항상 부러워한다.

　5학년이 되는 해에 제주도 갈 일이 생겼다. 친정 부모님을 모시
고 갔었는데 한사코 아이는 혼자 있을 수 있다며 집에 남겠다고
했다. 아마 사춘기가 시작되면서 어른들과의 여행이 즐겁지 않다
고 생각한 모양이었다. 나는 5일치 분량의 반찬을 만들어놓고 부
모님을 모시고 여행을 떠났다. 매일 아침 전화로 깨워주는 일밖
에 하지 않았다. 돌아오는 길에 전화를 했다. "할머니 할아버지
모시고 지금 가니까 방 치워놓고 밥 해놓아라." 전화를 끊자마자
그날 우리 부부는 친정어머니께 독한 부모라는 말을 들었다. 아
이 하나를 낳아놓고 왜 그리 아이를 부려먹느냐는 것이었다. 하지
만 재형이가 11학년 때 미국에 오셔서는 아이가 하는 것을 보고
"네가 옳았구나! 버릇 하나는 잘 들였다"고 하셨다.

　지금까지 한 이야기들이 시시할 수 있다. 하지만 이런 습관을
들이지 않으면 나중에 자신에게 힘든 일이 닥쳤을 때 부모가 해
결해주길 바라는 의존적인 태도에 젖기 쉽다. 한국에 사는 미국
가정의 외출을 눈여겨보라. 아주 어린 아기도 자기 가방은 자기
가 메고 있다. 속에는 기저귀 한 장이 들어 있을망정. 아이가 자
란 후 대학 전공을 고르는 일, 학비를 마련하는 일, 취업 같은 일
을 혼자서 하기 위해서는 어려서부터 자신의 일을 책임지고 할
수 있도록 도와야 한다. 인생의 목표를 세우고 세상에 어떻게 기
여할지 고민하고 선택할 때 과연 부모가 무슨 도움을 얼마나 줄

수 있을까? 그것은 그들의 온전한 몫으로 남겨둬야 한다. 어떤 일이든 스스로 판단하고 행동하도록 유도하는 것이 좋다. 그것이 집안일이든 공부든 인생에 관한 중대한 결정이든 말이다.

목표를 스스로 찾을 수 있는 아이로 키우고 싶다면 우선 나이에 걸맞은 책임과 의무를 인식하고 완수할 수 있도록 도와야 한다. 언제까지나 아이 취급을 하면 아이는 위축되고 조금만 어려운 일을 만나도 자신이 할 수 없는 일이라 포기하고 만다. 대학졸업 후에도 여전히 부모의 경제적 지원을 받는, 이른바 '캥거루족'은 어릴 적부터 책임감과 독립심을 형성할 기회를 놓쳤기 때문에 생긴다고 생각한다.

대부분 부모들은 아이가 공부만 잘하면 된다는 생각에 아이들의 뒤치다꺼리를 자처한다. 이러한 부모 밑에서 아이들은 부모를 위해서 공부한다고 생각한다. 그러니 자신을 위한 목표라든지 열정을 갖기가 어렵다. 스스로 목표를 정하고 앞으로 나아갈 때 저절로 생기는 열정은 삶의 원동력이다. 그런 삶의 원동력을 스스로 맛볼 기회를 왜 부모들이 박탈한단 말인가!

아이를 어른 취급할 때 아이는 어른스러워진다. 적절한 나이에 맞는 적절한 임무를 주고 스스로 판단하고 선택하게 하며 책임도 지도록 해야 한다. 그러한 일을 통해서 아이는 자신감을 갖고 자신이 점점 성장하며 어른이 되어감을 느낄 수 있을 것이다. 이런 느낌을 알아야 아이는 성숙한 눈으로 세상을 보게 되고 자신의 문제에 진지해지며 장래에 대하여 숙고하게 된다. 공부만 잘하는 아이는 반쪽짜리일 수밖에 없다.

● 집중력은 놀면서 키운다

　재형이는 두세 살 때 무척 산만한 아이였다. 별명이 '2초' 였으니 어떠했을지 짐작이 갈 것이다. 만화영화는 물론이고 그 짧은 TV 광고에도 집중을 못하는 아이였다. 거기다 깨어 있는 동안 끝없이 일을 저지르는 통에 내 머리 뒤통수에 눈을 붙여놓아야 한다고 주위에서 말하곤 했다. 그런 이유로 나는 아이를 항상 옆에 두었다. 내가 식사 준비를 할 때 아이는 주방 근처에서 놀다 지치면 싱크대 문을 열고 안에 들어 있는 냄비며 프라이팬 등을 다 꺼내놓고 안으로 들어가곤 했다. 그것도 부족해서 안에서 문을 닫고서는 깜깜하니까 울어버리는 일이 종종 있었다. 또 장난감보다는 진짜 물건에 더 흥미를 느꼈는지 진짜 전화기, 진짜 냄비며 그릇을 가지고 놀기를 더 좋아했다.

　그러한 아이가 유아원을 가게 되었으니 걱정이 태산이었다. 산만해서 선생님 눈 밖에 나면 어떻게 하나, 너무 활동적인 아이라서 유아원에서 말썽이라도 일으키지 않을까 염려되었다. 그때가 우리나라 나이로 5살, 세 돌이 지난 즈음이었다. 우리아이는 차분히 혼자서 노는 아이가 아니라서 늘 옆에 붙어 있어야 했는데, 자동차 놀이나 놀이터는 쉽게 지겨워했던 터라 가장 손쉽게 할 수 있는 놀이가 책을 읽어주는 것이었다.

　산만한 아이라고 생각하여 책 읽기에 관심을 가질 줄은 몰랐다. 내가 같은 내용을 읽고 또 읽었는데도 아이는 왜 그리 에너지가 넘치는지 끝을 모르고 읽어달라 졸라댔다. 같은 대목이 반복되는데도 매번 까르르 넘어가고, 책을 읽는 도중에는 잠이 드는 법도 없었다. 드디어 나는 책을 읽어주는 일에 지쳐버렸다. 아이가 카세트 녹음기를 작동할 수 있게 되면서 책이랑 낭독 테이프가 들어 있는 전집을 사다주었다. 50권이 넘는 전집 중에서 우리 아이는 유독 《백설공주》를 좋아했다. ‘거울아, 이 세상에서 누가 제일 예쁘니’ 이 대목이 좋았는지 듣고 또 들어서 테이프가 늘어져 더 이상 쓸 수 없게 되었다. 이렇듯 어딘가에 빠져 있을 때는 방해하지 않고 두는 것이 좋다. 놀이든 공부든 푹 빠져 재미를 느껴야 하고, 이런 경험은 또 다른 흥밋거리가 생겼을 때 집중할 수 있도록 도와준다. 재형이는 어렸을 때 들었던 이 동화의 목소리를 지금도 생생하게 기억한다고 한다.

그때가 5살이었는데 호기심이 강하고 동화를 무척 좋아하다 보니 짧은 시간에 재미있게 우리글을 깨칠 수 있었다. 이때부터 책을 읽어주지 않아도 혼자서 책을 읽게 되었다. 그럼으로써 내가 옆에 없어도 안정감을 찾고 무엇보다 집중력을 키울 수 있었다. 산만하던 아이가 차차 차분한 아이로 변해갔다.

또 하나 재형이의 집중력을 키워준 일등공신이 있다면 조립식 장난감이다. ‘레고’ 장난감은 손가락을 많이 사용해야 하므로 뇌세포에 자극이 되어 지능개발에 효과적이라고 한다. 그러나 무엇보다 중요한 것은 아이 스스로 놀이를 통해 학습효과를 터득한다는 점이다. 처음에는 아주 작은 것을 완성하는 데도 많은 시간이 걸리지만 그것을 반복하면서 조립순서를 깨닫고 시간이 단축되는 것을 경험한다. 공부도 마찬가지다. 혼자 문제를 반복적으로 풀면서 좀더 시간을 단축하고 쉬운 방법을 터득한다는 희열이 얼마나 대단한가? 이미 만들어진 장난감으로 시간을 보내는 것은 학습효과가 적다. 즉 아이가 놀 때도 어떤 과정을 스스로 겪도록 하는 것은 집중력과 문제해결 능력 향상에 큰 도움이 된다.

재형이는 혼자 자란 아이인데다 같이 놀 친구가 없어서인지 매우 산만하고 불안해 보였다. 그러나 아이는 책을 읽고 장난감을 만드는 것에 흠뻑 빠졌다. 바깥에서 노는 것보다 집에 있는 책이랑 레고 장난감을 더 좋아하게 된 것이다. 이때 나는 깨달은 것이 있다. 아이는 그냥 혼자 내버려두면 안 되는구나. 조금의 관심인데도 아이는 엄마와 함께 한다는 생각에 놀이든 학습이든 빠져드는구나. 아이는 혼자 하는 것보다 누군가와 같이 하는 것을 좋아한다. 나는 우리아이가 형제 없이 혼자 노는 것이 안타까워 공부도 함께 하고, 여의도에 가서 연도 날려보고, 서점에 가서 하루 종일 책도 보는 긴밀한 유대관계를 만들어갔다.

집중력에 대해 하나 더 이야기하자면 '샘(질투)'도 한몫 한다는 사실을 깨달았다. 다행히도 우리아이에게는 장점인지 단점인지 '샘'이 많았다. 유아원에서 선생님의 사랑을 독차지해야 직성이 풀리는 아이였다. 줄을 세우면 항상 맨 앞줄에 섰는데, 그 이유는 바로 선생님 손을 잡기 위해서였다! "자! 앞 사람 어깨에 손을 올리고 따라 오세요. 하나, 둘, 셋, 넷!" 혹시 다른 아이가 끼어들기라도 하면 밀치고라도 그 자리를 차지하는 것이다. 이렇듯 사람과의 관계 속에서 즐거움을 찾고자 했고 학교에서는 선생님을 좋아하니 수업 시간에 더욱 집중할 수 있었다.

다른 사람의 관심과 인정을 받기 위해 노력하는 것은 어린 나이에 학습동기 부여와 집중력 향상으로 이어진다. 한국에서는 가정 선생님이 저를 좋아한다고 하더니 미국에 가서도 화학 선생님, 밴드 선생님이 자신을 좋아한다고 자랑하곤 했다. 자신을 좋아하는 선생님과의 원만한 관계가 집중력도 향상시키고 결국에는 만족스러운 학교생활의 바탕이 된다는 점을 기억하길 바란다.

● **나만의 전략과 계획을 끈질기게 실천하라**

공부 잘하는 아이를 두게 되면 주위의 학부모들로부터 많은 질문을 받게 된다. 주로 어떻게 아이를 지도하느냐고 묻는다. 두 엄마의 예를 들어보겠다.

A의 경우는 내가 옆에서 직접 지켜봤다. 우리 집 이사 시기가 잘 맞지 않아 A의 집에서 한 달 정도 머문 적이 있었다. 그 집에서 지내는 동안 난 참으로 놀랐다. 엄마에게 자녀의 방과 후 지도 계획이 전혀 없었기 때문이다. 그냥 방치 상태였고 그때그때 형편에 따라 움직이는 것이다. 그리고 학교에서 무슨 일이 벌어지는지 전혀 모르고, 아이가 하루 전날 과제나 준비물을 얘기하므로 너무 힘들다며 푸념을 늘어놓았다. 그러더니 갑자기 오늘 피아노 선생님이 오시는 날이라며 아이한테 피아노 연습을 다그치듯 시키는 것이다. 나는 다시 한 번 놀랐다. 아이가 피아노 교습을 받고 있다는 사실을 알고서 말이다. 왜냐하면 일주일 내내 한번도 피아노 소리를 들은 적이 없기 때문이다! 알고 보니 선생님이 오기 전에 잠깐 연습하는 것이 전부였다. 피아노 책을 보니 당연히 진도는 늦어 있었다. 그러면서 아이가 성적이 안 좋다느니, 학습에 열의가 없다느니 하소연을 하며 책임회피를 해도 된단 말

인가! 물론 나는 그녀가 자식을 위해 최선을 다한다고 생각한다. 다만 방법이 잘못되었고 계획이 없을 뿐이다.

그리고 며칠 뒤 A가 여기저기 수소문하여 피아노 선생님을 구한다는 얘기를 들었다. 그 이유는 아이가 연습하기 싫어한다는 것이다. 나는 진심어린 충고를 하고자 엄마가 연습에 참여하라고 말했다. 엄마가 모르더라도 같이 앉아서 들어주라고 했더니 정색을 한다. 연습하라고 아무리 타일러도 하지 않는다는 것이다. 그러면서 아이의 바이올린 교육에 열성인 한 엄마 이야기를 나에게 해줬다.

그 엄마는 주기적으로 선생님을 바꾸고 있었는데, 그 이유는 연주자마다 독특한 기술이 있기 때문이란다. 한 선생님한테서 기술을 다 익히면 다른 선생님을 구하여 또 다른 기술을 배워야 한다는 것이다. 그래야 연습도 재미있고 실력도 는다는 논리였다. 그리고 그 아이는 연습을 하면 보통 4시간을 꼼짝도 않고 한다는 것이다. 온몸이 땀으로 함빡 젖을 때면 엄마는 안쓰러워서 외출도 삼간다고 하였다. 그 아이는 나중에 당당히 줄리아드 음대에 바이올린 전공으로 합격했다.

A는 이 경우를 얘기하며 선생님을 바꿔주면 연습을 재미있어 할 것이라며 기어코 선생님을 바꾸었다. A는 아무 생각 없이 남의 경우를 자기 아이에게 적용한 오류를 저지른 것이다. 무엇보다 연습의 중요함을 통감했어야 했는데 그렇지 않고 선생님 바꾸기를 선택했다. 선생님을 바꾼다는 것은 어느 정도 경지에 이른 다음에 택할 수 있는 전략이다. 기초단계에서는 우선 많은 연습이 필요하다는 사실을 망각한 채, 실력이 월등히 앞선 다른 아이

의 학습법을 무작정 따라했으니 결과는 뻔하지 않을까.

또 다른 B에게 나는 이렇게 조언했다. 우리아이의 경험을 살려 엄마가 함께 공부해서 가르치는 것이 좋다고 말이다. 저학년일수록 효과가 좋으니 '습관' 을 들이는 것에도 유의하라고 일러주었다. 그러나 이 엄마는 일주일 정도 열심히 하는 것 같더니 너무 힘들다고 하소연을 해왔다. 도저히 자신이 가르칠 수 없다는 것이다. 화가 나서 아이를 때리게 된다며 역시 자기 자식은 못 가르치는 법이라고 덧붙였다. 부모가 욕심이 너무 앞선 나머지 부모 스스로 감정조절을 못해서 아이와 갈등만 키운 것이다. 이 엄마는 인내심이 부족하다. '습관' 이라는 단어의 의미를 알아야 했다. 게다가 자신의 인내심 부족을 아이에게 화풀이로 표출했으니 도대체 아이가 뭘 보고 배우겠는가?

나는 금방 좋아지지 않는다며 엄마가 포기하면 아이도 포기하니깐 끝까지 해보라고 조언했다. 나중에는 아빠까지 동원하여 열성을 보였다. 그러나 한 달을 못 넘기고 다시 푸념을 늘어놓았다. 바로 전날 가르친 내용을 까먹기 일쑤고 교육방송이 끝나자마자 물어보아도 모른다는 것이다. 역시 아이들 나름이라며 체념을 한 듯했다. 재형이도 학원을 다니면 성적이 더 잘 나올 거라며 느닷없는 학원 예찬론을 펼친다.

그러나 여기서 부모들이 저지르는 실수는 학습이 이루어지는 과정을 이해하지 못하고 있다는 점이다. 학습은 듣는 데서 끝나는 것이 아니라 반드시 자기 것으로 만드는 과정이 있어야 한다. 이것이 바로 복습을 하는 이유인데 아이에게 배운 것을 자기 것으로 만들 시간을 줘야 한다. 이를 무시한 채 성적이 나오지 않는다고 아이에게 책임을 떠넘기는 것은 부모 잘못이다. 그런데도 대부분 엄마들은 자기 아이는 미숙아라고 광고하고 다닌다. 즉, 엄마의 열성에 아이들이 못 따라온다고 하소연한다. 그러면서 엄마의 능력을 불신하고 학원을 맹신한다. 학원은 선택이지 필수가 아니다. 우리는 아이의 능력이 다르다는 것을 알아야 한다. 또 무엇이든 사람에 따라 배움의 속도가 다르기 마련이다. 너무 성급한 나머지 결과에 연연해서 아이를 닦달하면 역효과가 생긴다.

A와 B의 공통점을 살펴보면, 인내심이 부족하고 자기 아이에게 맞는 전략과 계획을 적용하지 못했다는 사실을 알 수 있다. 물론 나도 주위에서 선망의 대상이 되는 여러 모델들을 눈여겨보았다. 그러나 나는 재형이에게 그대로 적용하지 않았다. 나는 재형이를 지도할 때 그에게 가장 적절하고 효과적인 방법이 무엇일지 고민을 많이 했다. 필요하다면 도서관에서 그와 관련된 책을 다 빌려 읽어보곤 했다. 부모가 먼저 아이에게 어떤 방법이 적합할지 충분히 검토해야 한다. 그러면 선택해야 할 방법이 자연스럽게 보일 것이다. 이것은 모든 부모에게 유효한 원칙이다. 결코 다른 사람이 효과를 봤다고 해서 무작정 따라하지 마라. 무엇보다 내가 할 수 있는 방법인지 판단해야 한다. 실천할 수 없는 방법을 자식에게 강요하면 오히려 부작용만 생긴다.

나는 이 원칙을 모든 경우에 적용했다. 나는 엄마들에게 이렇게 조언하고 싶다. 내 아이가 어떤 상황에 있는지 객관적으로 판단하고 어떻게 적용할 것인가 연구해야 한다고. 남의 얘기를 융통성 있게 받아들이라고 하고 싶다. 세상에 공짜는 없는 만큼 부모가 아이에게 적합한 학습법을 찾아주기 위해 시간과 노력을 투자해야 한다. 나름대로 연구한 다음 결론을 얻었다면 소신과 주관을 갖고 끝장을 봐야 한다.

● 일관성 있는 엄마가 되라

아이가 나에게 붙여준 별명은 '계모', '인수대비', '맹모'이다. 나는 이 별명 모두를 사랑한다. 내가 엄하게 공부시킬 땐 야속한 생각이 들어서 계모로 보였을 테고, 성종을 왕에 옹립하기 위해 무던히 애썼던 인수대비가 꼭 내 모습 같았을 것이다. 공부에 열성인 엄마를 빗댄 것이니 아이에게 인정받은 것 같아 뿌듯하다. 이 별명이 암시하는 것처럼 조금은 강한 엄마의 이미지를 아이에게 심어줄 필요가 있다고 생각한다. 주관 없이 모호한 태도를 취하는 엄마는 아이에게 올바른 가치관과 습관을 심어줄 수 없다. 엄마가 일관된 생각을 가지고 포기하지 않아야 아이도 포기하지 않고 일관된 생각과 행동을 하게 된다.

나는 아이를 교육하는 데 제1원칙으로 '꾸준한 습관'을 강조하고 싶다. 이것은 일상생활 뿐만 아니라 공부와 관련해서도 마찬가지다. 습관이 들어 있지 않으면 작은 일을 시키는 데도 엄청난 시간과 에너지가 소모된다. 간혹 부모들이 작은 일을 하나 시키려고 아이에게 잔소리하고 신경질을 내는 경우가 있는데 이는 모두 부모가 아이에게 꾸준한 습관을 심어주지 않았기 때문이다. 바람직한 행동이고 학습에 필요한 일이라고 생각되면 그것을 습관으로 만들어줘라. 그러면 부모 입장에서는 잔소리

하지 않아도 되고 아이 입장에서도 잔소리 듣지 않고 그 일들을 스스로 하게 된다.

성공하는 아이를 위한 7가지 습관

1 **아침식사는 반드시 한다.** 우스운 얘기로 들릴지 모르지만 하루를 허기진 상태에서 몽롱하게 시작해선 안 된다. 뇌에 충분한 포도당이 공급되지 않으면 뇌세포가 활성화되지 않기 때문이다. 따라서 수업에 집중할 수 없다. "엄마, 나 밥 먹을 시간이 없어요" 하면 나는 "그래, 학교 가지마"라고 말한다.

2 **아침 공부는 30~50분 정도 가볍게 한다.** 원래는 공부를 위한 목적에서 시작된 것이 아니다. 아침밥을 잘 먹이기 위해 조금 일찍 깨우면서 시작되었다.

3 **숙제부터 하고 놀기.** 빨리 놀고 싶은 마음에 학교에서 숙제를 하고 온 적도 있다. 씻고 나서 가벼운 간식을 먹은 뒤 알림장 등을 토대로 숙제를 먼저 시킨다. 숙제를 마치면 놀이터나 친구 집에 갈 수 있도록 한다.

4 **예습·복습을 철저히 시킨다.** 다음날 배우게 될 내용을 아침이나 전날 저녁에 가벼운 마음으로 보고 간다. 의문사항이 있으면 표시하기. 복습은 학교 갔다 온 이후 가능한 한 빨리 끝내기. 저학년인 경우 숙제를 하면 저절로 복습이 된다.

5 **엄마가 없어도 계획표대로 실천한다.** 엄마의 외출 사실을 미리 알리고 혼자서 잘할 수 있도록 다짐을 받아둔다. 예상 귀가시간을 알리고 귀가 후 계획대로 했는지 직접 확인한다.

6 **매일 일기를 쓴다.** 사실 대부분의 아이들이 일기를 의무감에 쓴다. 그러나 하루를 돌아보는 습관, 내일을 미리 계획하는 습관을 심어주는 데 일기만큼 좋은 것이 없다.

7 **책가방은 등교하기 전날 반드시 꾸리고 잔다.** 준비물을 빠뜨리지 않게 되고 바쁜 아침시간에 허둥대지도 않는다. 지각하는 일이 없어진다.

제2원칙은 '부부가 한 목소리 내기'이다. 우리 부부는 어떠한 일이 있어도 아이에게 일관된 주장을 하기로 했다. 아이가 흔들리지 않고 자신의 가치관을 올바로 세우려면 부모의 이런 태도가 매우 중요하다. 만약 엄마 얘기 다르고 아빠 얘기 다르면 과연 아이는 누구 말을 따르겠는가? 가치관에 혼란이 오면 인성과 공부 모두 다 끝장이다. 아이 문제에 대해서는 부모가 항상 미리 말을 맞추어두어야 한다. 어릴 때 재형이는 "엄마 아빠는 동맹을 맺어 자신을 공격한다"고 불평하곤 했다. 그렇다고 우리 부부가 다투지 않았다는 것이 아니라 아이 문제에 있어서만은 생각을 통일했다. 남편은 거의 나에게 아이 문제를 일임하였고 내가 하는 일이 옳다고 편을 들어주었다. 나도 남편이 아이에게 요구한 사항이 있으면 잘 지키는지 유심히 지켜보았다.

아이가 4학년 때 강원도에서 있었던 일이다. 그때 아이는 자연을 벗 삼아 친구들과 산으로 들로 다니며 놀곤 했다. 보건소 소장의 딸과 친하게 지내면서 방과 후 그 집에서 놀다 오는 날이 잦았다. 그 집에 개가 한 마리 있었기 때문이다. 그다지 좋은 종

자의 개는 아니었지만 아이들의 사랑을 독차지하고 있었다. 어느 날 재형이는 눈도 안 뜬 강아지를 집으로 데려왔다. 보건소 개가 새끼를 낳은 것이다. 평소 우리가 개를 키울 수 없다고 하였기에 아이는 먼저 선수를 치고 나온 것이다. "엄마, 내가 강아지 씻어 주고 똥도 치우고 다 할게요. 강아지 키우게 해주세요, 네?" "안 돼, 아빠가 강아지는 안 된다고 하지 않았니?" "그래도 한 번만 키워 볼게요." "그래, 하지만 아빠에게 여쭤보고 안 된다고 하면 포기하는 거야, 알았지?"

그날 밤 남편은 당직인 관계로 집에 들어오지 않았고 강아지는 밤새 낑낑거렸다. 다음날 우리 가족은 강아지를 둘러싸고 토론을 벌어졌다. 먼저 아이가 이야기한 다음 나와 남편의 설득이 시작됐다. "아파트에서 강아지 키우는 것은 불법이야. 아파트는 하나의 건물로 되어 있는데 나쁜 냄새나 병균을 옮길 수 있기 때문이란다. 그리고 사람들이 오르내릴 때마다 짖어댄다면 남에게 피해를 주는 일이지 않겠니? 아빠도 강아지 좋아해. 하지만 넓은 마당이 있는 집에 살게 되면 그때 키우자." 나도 덩달아 남편 편을 들었다. "그래 재형아! 아빠 말이 맞아. 어제 저녁에 보았지? 강아지가 얼마나 울었니. 다 엄마 보고 싶어서 그러는 거야. 아직 젖도 먹어야 하는데 강아지를 엄마개한테서 떼어놓아서야 되겠니. 강아지가 불쌍하지 않아?" 다음날 재형이는 말없이 강아지를 원래 주인에게 돌려주었다.

아이에 대해서 가장 잘 아는 사람은 엄마이다. 그러니 모든 엄마들이여, 자신을 갖기 바란다. 아무리 좋고 실력 있는 선생님이라 하더라도 단지 몇 시간을 함께 할 뿐이기에 아이에게 그다지 영향력을 미치지 못한다. 엄마들이 지나친 욕심을 버리고 포기하지 않는 인내를 배운다면, 또 자기 감정을 절제할 수 있는 능력만 키운다면, 엄마의 실력이 다소 미흡하더라도 결과는 원하는 대로 이루어질 것이다. 자녀교육을 학원이나 타인에게 맡기지 말고 직접 하면 보람도 있고 나 자신을 키울 수 있는 능력도 생긴다. 맹모가 따로 있겠는가? 우리 모두가 그렇게 할 수 있다. 인생에서 가장 중요한 학창시절을 엄마와 함께 소중한 추억으로 채워간다면 그처럼 뿌듯한 일이 어디 있겠는가!

● 칭찬과 꾸지람에도 원칙이 있다

'칭찬은 고래도 춤추게 한다'는 말도 있듯이 칭찬은 아이를 자라게 하는 거름과도 같다. 칭찬을 받음으로써 아이들은 자기 존중감이나 자신감이 높아지고 인간관계에서도 긍정적으로 대처하게 된다. 특히 의미 있는 사람으로부터의 칭찬은 대단한 동기부여로 작용해 아이의 미래를 바꾸기도 한다. 특히 12세 전 초등학교 시절은 아주 중요한 시기이다. 자아개념이 완성되는 단계로 부모나 선생님, 친구, 주변사람들의 평가는 '나는 괜찮은 사람이야' 혹은 '나는 쓸모없는 사람이야' 등 자신의 존재감을 확인하게 만든다. 이 시기에 생긴 열등감은 성인이 되어서도 극복하기가 힘들다고 심리학자들은 말한다.

그런데 우리나라 사람은 칭찬에 인색하다. 자식 자랑 마누라 자랑은 팔불출이나 한다고 칭찬의 가치를 폄하하곤 한다. 그러나 우리 부부는 팔불출을 자처하고 나섰다. 물론 원칙 없는 칭찬은 아이에게 독이 된다. 자칫 지나친 애정표현이 되거나 아이에게 자만심을 심어줄 수 있다. 내가 생각하는 칭찬의 기술은 다음과 같다.

될 수 있으면 남들에게 아이 자랑을 한다. 이것은 칭찬의 기본이다. 이 책을 쓰는 것도 가능한 한 많은 사람들에게 자식 자랑을 하고, 그들이 우리보다 원하는 것을 좀 더 쉽게 이루길 바라는 마음에서다. 이렇게 공공연한 자랑은 아이를 직접 칭찬하는 것보다 훨씬 영향력이 크다. '부모님은 날 자랑스러워 하셔, 부모님은 날 믿어'와 같은 생각은 자신감을 심어주고 남들이 자기를 인정해주는 데 책임을 지게 만드는 등 긍정적인 효과를 낸다. 또 기대에 부응하고 싶은 마음이 절로 생기기도 한다. 즉 '버릇 있는 아이', '공부 잘하는 아이'로 소문이 나면 엄마가 보지 않는 곳에서도 스스로 잘한다. 왜냐면 저를 알아보는 사람이 많으니까. 이것은 심리학에서 말하는 피그말리온 효과이다. 아이들은 주변 사람들의 자신에 대한 평가가 호의적이고 긍정적일 때 거기에 부응하는 사고와 행동을 의도적으로 하게 된다. 그렇게 되면 자연스럽게 학업이나 일상생활에서도 타의 모범이 될 수 있다.

> 로젠탈과 제이콥슨은 하류층이 압도적으로 많이 거주하는 오크 초등학교에서 다음과 같은 실험을 했다. 어린이 가운데 무작위로 20%를 선정하여 지적으로 괄목할 만한 성장을 할 학생들이라고 각 담임 교사에게 통보해주었다. 그런데 8개월 후, 이 어린이들은 선정되지 않은 다른 어린이들보다 IQ 수치가 더 높아졌다. 교사의 기대에 변화가 생기자, 무작위로 선정된 어린이들의 지적 수행 능력이 실제로 변했던 것이다.
>
> ●●● 로버트 로젠탈, 《피그말리온 효과》 중에서

　나는 아이가 상장을 받아오면 코팅을 해서 잘 보이는 벽에 붙여놓았다. 다음 상을 받아오면 아무리 작은 것이라도 앨범에 따로 두지 않고 보이는 장소에 붙여두고 메달은 걸어두었다. 점점 상이 많아져 한 벽면을 다 채우자 우리 집에 오는 사람들이면 다 한마디씩 한다. 그러면 우리 부부는 내숭은 던져버린 채 신나서 알려지지 않은 자랑을 아이가 들을 수 있게 늘어놓는다. 물론 아이에게 직접 칭찬하는 것보다 이것이 훨씬 효과적이다. 등하교 길에서 만난 이웃들의 칭찬이나 따뜻한 시선은 아이를 바르게 자라게 하는 힘이 된다고 믿는다.

공부 뿐만 아니라 일상적인 생활습관에 대해서도 칭찬해야 한다. 한번은 이런 적도 있었다. 부모님 생신날 친척들이 한자리에 모였다. 생신 상 앞에 모여앉아 모두 식사를 할 때, "재형이는 신기하게 시금치도 잘 먹어요. 익지 않은 열무김치도 좋아하고 꼭 어른 식성 같이 햄은 싫어해요." 그러자 재형이는 시금치와 열무김치를 싫어함에도 불구하고 보란 듯이 먹기 시작했다. "쟤 좀 봐! 잘 먹는다니까 두 그릇을 먹잖아, 칭찬도 칭찬 나름이지 아이를 과식하게 만들고 있어." 칭찬이란 이처럼 강요와 명령으로 이끌 수 없는 행동을 유도하는 힘이 있다.

칭찬은 일상에서 생활화할 필요가 있다. 굳이 공부가 아니더라도 칭찬할 일은 주변에 널려 있다. 이를 통해 아이들은 항상 다른 아이들의 모범이 되고 자신의 행동에 책임지려 한다. 다음처럼 칭찬을 생활화해보자.

첫째, 자기 스스로 했을 때 칭찬해준다. 초등학교 고학년쯤 되면 게임에 빠져 자신의 할 일을 놓쳐버리는 경우가 종종 있다. 행여 잔소리라도 할라 치면 한창 재미나게 게임에 빠져 있는 터라 쉽지가 않다. 주로 전쟁게임을 하다 보니 끝나고 나면 얼굴은 상기되어 있고 약간 흥분상태에 있다. 이러면 바로 공부하기에는 준비가 덜 돼 있는 셈이다. 재형이는 하루에 한 시간씩만 게임을 하기로 약속은 했지만 혼자서 끝내는 법은 없었다. '무슨 방법을 써야겠구나' 하고 생각하고 있을 때 아이가 먼저 제의를 해왔다. "엄마, 게임이요, 주중에 하지 않는 대신 주말에 몰아서 한꺼번에 하면 안 될까요? 토요일 두 시간, 일요일 두 시간씩이요." 나는 순간 무릎을 쳤다. 왜 이 생각을 하지 못했을까? 어떻게 이런 생각을 했냐고 묻자 이렇게 말한다. "한 시간씩 하니까 제대로 하는 것 같지도 않고 조금 시작하면 끝내야 할 시간이라 스스로 통제가 잘 안 돼요. 그리고 주중에는 할 일도 더 많잖아요." 그런 생각을 먼저 하고 나한테 제안한 아이가 대견스러워 마음껏 칭찬해주었다.

둘째, 물질적인 보상이 따르면 더 좋다. 영어 본문 외우기를 하면서 아이가 지루해하는 것 같아 한 단원이 끝나면 맛있는 것을 해주었다. 떡볶이도 해주고 자장면, 피자 등도 배달시켜주면서 지루함을 이기도록 배려했다. 아이는 사달라고 말할 것을 생각하며 빨리 끝내고 싶어 집중하게 된다. 이렇게 하여 중3 영어 교과서 본문을 외웠을 때는 책거리 기념으로 MP3를 사주었다. 그때만 해도 중학교 1학년으로서는 갖기 힘든 물건이었다. 아이가 얼마나 기뻐했겠는가. 대가 없이 주어지는 물질적 만족감은 아이들에게서 노력과 인내를 빼앗는다. 물론 돈이나 물질적인 보상과 같은 외적 동기부여 방법은 지나치면 화가 된다. 그보다 더 중요한 것은 인생에서 무엇을 이루고 싶은지 목표를 스스로 발견하고 그것을 통해 에너지와 집중력을 얻는 것이다.

셋째, 꾸지람도 칭찬처럼 할 수 있어야 한다. 부모가 원하는 것은 아이의 행동변화이지 아이의 마음을 불편하게 하거나 죄책감에 시달리게 만드는 것이 아니지 않는가? 모로 가도 서울로만 가면 된다고 아이의 마음을 상하지 않게 하고 행동변화를 이끌어낸다면 금상첨화이다. 나는 매일 일정 분량의 수학 문제집 풀이를 숙제로 내주고 저녁에는 채점을 해서 틀린 것은 다시 풀게 하였는데, 학년이 올라가면서 점점 더 학습량을 늘렸다. 하루는 채점을 해보니까 틀린 곳이 하나도 없었다. 100점을 맞을 수 있는 내용이 아니었다. 자세히 보니 일정한 글씨로 한꺼번에 쓴 것 같은 느낌을 받고 이상하다 생각하고 있었다. 그런데 한 문제의 답을 '답 생략'이라고 적은 것이 아닌가! 해답을 보고 베낀 것이다. 문제집을 풀기 싫었는지 딴에는 머리 굴린다고 하다 덜미가 잡혔다. "너, 해답 보고 베꼈지?" 아이는 얼굴이 새빨개지며 어쩔 줄 몰라 했다. "엄마는 안 보고도 다 알아, 네가 어떻게 하는지. 이제까지 잘해오다 이게 뭐야? 주변 사람들이 너 착하고 올바르다고 하는데 이러면 되겠어. 이것도 거짓말하고 똑같아. 나쁜 짓이야. 반장도 하고 내년에는 전교회장 선거에 나간다는 사람이 이렇게 원칙 없이 속임수를 쓰면 안 돼지? 다시는 안 할 거지?" 아이는 '네' 하고 깊이 반성하는 것 같아 더는 몰아붙이지 않았다.

답을 보고 베낀 것만 가지고 마구 나무라는 것보다 '너는 얼마나 대단하고 올바른 사람인데 이런 일을 했느냐' 며 오히려 자존감을 심어주는 것이 더 효과적이다. 인신공격성 발언이나 마음에 상처를 주는 말은 삼가야 한다. 화내거나 나무랄 때도 엄마는 언제나 제정신으로 이성적이어야 한다. 그러면 꾸지람에서 자연스럽게 칭찬으로 넘어갈 수 있다.

● **공부하기 좋은 환경을 만들어줘야 한다**

공부하기 좋은 환경이란 내적 환경과 외적 환경을 모두 갖추어야 한다. 공부할 마음의 준비가 되어 있는 것, 그날의 할 일을 미리 생각하는 것이 공부하기 위한 내적 환경이라고 생각한다. 공부는 우선 마음에서 시작된다. 공부할 마음의 준비돼 있지 않은데 아무리 훌륭한 외적 환경이 주어진다고 제대로 공부할 수 있겠는가?

마음이 산란하면 공부에 집중할 수 없다. 어떤 이유로 심리적 압박이나 걱정거리가 생기는지(좋지 않은 친구관계가 대부분이겠지만) 세심한 배려가 필요하다. 방과 후 집에 돌아오면 가벼운 대화를 이끌어내야 한다. "너 요즈음 승호 얘기 안 하네?"라는 식으로 떠본다. 아무 말 없으면 최근에 다툰 것이다. 더 대화를 이끌 수도 있고 그냥 넘어갈 수도 있다. 그러나 부모는 아이의 집중을 방해하는 여러 가지 요소들을 차단해야 한다. 부모라면 응당 아이의 미묘한 감정 변화를 알아차리고 있어야 한다. 그런 것을 무시한 채 함부로 대하거나 일방적인 행동을 강요해서는 안 된다.

또한 공부는 마음에서 시작되는 것이므로 공부하기 전에 먼저 마음을 챙겨야 한다. 그래서 나는 아이에게 학교 수업을 마치고 오는 길에 집에서 할 일이 무엇인지 미리 생각해보라고 한다. 즉 집에 오는 길에 공부할 마음의 준비를 미리 하는 것이다! 우리 아이는 요일별로 시간표가 다르고 시험기간에 따라 다른 공부 계획표를 가지고 있다. 그렇게 미리 생각해놓으면 시간도 절약되고 우왕좌왕하는 일 없이 바로 계획대로 움직일 수 있다. 그러면 집에서 쓸데없이 시간 보내는 일은 줄어들 것이다. 재형이는 주로 교육방송 시간에 맞춰 공부의 순서를 정했다.

나는 아이가 학교에서 돌아온 다음은 샤워를 하게 한다. 공부하기 위한 상태로 마음을 준비하려면 기분전환이 필요하기 때문이다. '공부의 세계'로 들어가기 위한 하나의 의식인 셈이다. 집에서 공부하기 적합한 마음의 상태를 만들기 위해 샤워를 통과의례로 만들어주는 것이다. 그러면 아이는 학교에서 있었던 복잡한 일을 잊고 마음을 '세팅'할 수 있다. 즉 계획을 세우고 정신을 모으는 데 샤워는 큰 도움이 된다. 땀과 먼지를 물로 씻어내는 행위를 통해 하루 종일 밖에 있었던 잡념도 함께 털어낸다. 또한 샤워는 피부를 자극하여 느슨해진 뇌를 적당히 긴장시키는 효과가 있다.

외적인 환경으로서 최적의 공부방을 만들어주는 것도 중요하다.공부방은 이렇게 꾸민다. 침실과 공부방을 일단 분리한다. 여건이 안 된다면 할 수 없지만 나는 거실을 제외한 가장 큰 방을 공부방으로 꾸몄다. 왜냐하면 아이가 가장 많이 이용하는 공간이기 때문이다. 침실은 잠 잘 때 잠깐 이용하므로 클 필요가 없다. 그래서 안방을 아이의 공부방으로 양보했다. 안방은 대개 안쪽에 위치하므로 외부의 소음이 적고 대체로 볕이 잘 든다. 자연히 특별한 조명이 필요 없는 곳이기도 하다. 책상은 적당히 큰 것으로 두 개를 마련하여 벽을 향해 엄마 책상과 아이 책상을 나란히 둔다. 또 방 가운데는 식탁용 테이블을 마련해놓고 아이를 가르치거나, 친구가 와서 공부하거나, 교육방송을 시청할 때 이용한다. 테이블 맞은편의 선반 위에는 교육방송 전용 TV를 두었다.

그런데 여기에는 재미있는 일화가 하나 있다. 내가 사는 아파트 위층에 사는 한 아이의 엄마가 우리 집에 놀러 와서 공부방을 보고 갔다. 재형이가 공부 잘하는 아이로 알려져 있어서 공부방 구조를 따라 만들고 싶었던 모양이다. 그 아이는 위에 누나가 있었기에 우리처럼 공부방을 꾸미기에는 좀 무리가 있었다. 그런데도 부부가 거실로 나오며 아들에게 공부방을 만들어준 것이다! 한국 엄마들의 교육열은 역시 대단하다. 한 달인가 뒤에 내가 그 집에 놀러 갈 일이 생겼다. 아이는 거실 테이블 앞에 퍼질고 앉아서 공부하고 있었다. 흉내를 내려면 제대로 했어야지 그냥 형식만 따르면 무슨 의미가 있겠는가? 공부는 일정한 장소에서 행해져야 한다. 같은 장소에서 규칙적으로 공부함으로써 새로운 환경에 적응하는 데 소모되는 에너지가 줄어든다. 그러면 자연스럽게 집중력이 생기고 안정감도 배가된다. 엄마는 이러한 습관을 들이는 데 수고를 아끼지 않아야 한다.

나는 이웃집에서 놀다가 그집 아이들이 돌아오면 자리에서 일어나 집으로 돌아온다. 그 집 아이의 공부 환경을 방해하고 싶지 않아서이다. 그러므로 나도 우리 집에 들락날락하는 사람들을 가능한 한 줄였다. 전화통화도 길게 하지 않는 편이 좋다. 되도록 오전에 외출하고 아이의 귀가시간에 맞춰 들어온다. 초등학생들

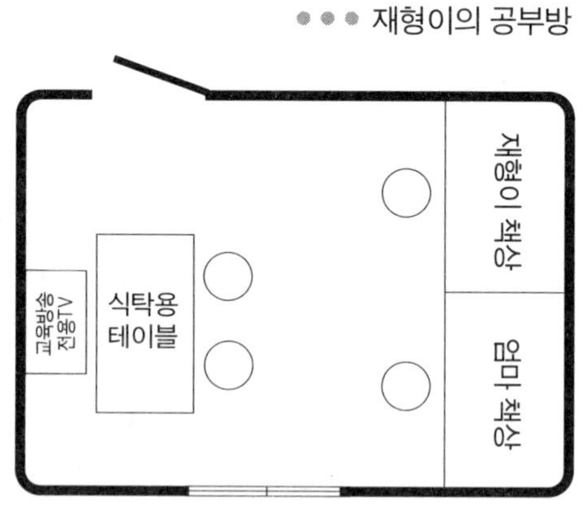

● ● ● 재형이의 공부방

은 아직 어려서 엄마가 있어야 안정감을 느끼기 때문이다. 물론 편차는 있겠지만 우리 아이는 집에 아무도 없으면 숙제도 하기 싫다고 했다.

공부하기 좋은 외적 환경을 만들기 위해서는 공부방으로 간식을 가져가지 않는 것이 좋다. 사람은 두 가지 일을 동시에 다 잘할 수 없다. 접시에 손이 가면 책을 잡을 수 없고 음식을 입에 넣고 영어책을 읽을 수 없지 않은가? 어느 한쪽이 방해를 받게 되면 집중력은 흐트러질 것이고 다시 정신을 모으려면 시간과 에너지가 필요하다. 간식은 휴식시간을 겸해 식탁에서 먹으면 된다. 머리도 식히면서 가벼운 스트레칭을 곁들이는 것도 좋다. 지나치게 오랜 시간 공부방에 있는 것을 피해야 한다.

마지막으로 엄마의 TV 시청을 줄여야 한다. 아이가 같이 TV를 보지 않는다고 하더라도 소리는 들리기 마련이다. 그러면 아이는 화장실을 간다거나 물을 마시러 더 자주 나온다. 처음에는 오며 가며 흘깃흘깃 보다 나중에는 눈치를 살펴 슬그머니 앉아버리곤 한다. 언제 공부방으로 쫓겨 갈지 불안해하며 TV에 빠져든다. 이렇게 재미있게 보는데 가라고 하기도 그렇고 그러다 보면 그 프로그램은 아이의 정규 시청 프로그램이 된다.

● 잘하는 몇 가지를 선택하고 집중해라

나에게 어찌 실패가 없었겠는가. 유치원 시절부터 초등학교 저학년 때까지 아이의 재능을 알아본답시고 태권도, 미술, 피아노

등등 맛보지 않은 학원이 없다. 태권도나 미술은 어차피 내가 해줄 수 없는 부분이었지만 피아노는 내가 연습을 시켜야 했다. 나도 음악엔 문외한이라 지도가 무척 어려웠다. 사실 한 시간 교습을 받기 위해서는 매일 두 시간의 연습이 필요하다고 본다. 그렇지 않고서는 의미가 없다. 이런저런 고민을 하고 있을 때 아이가 드디어 피아노를 그만두겠다고 했다. 당연한 결과였다. 엄마가 관심이 없으니 아이가 흥미를 가질 리 없다.

그러나 나는 왜 그러냐고 물었다. 학원에서 선생님이 10번을 치라고 하고 다른 학생을 지도하러 가면 아이는 2번 정도 치고는 다 쳤다고 거짓말을 한다는 것이다. 피아노가 지겹고 싫다고 했다. 나는 이미 결정을 하고서 아이에게 다짐을 받고자 재차 물었다. "지금 그만두면 이제 기회는 영영 없어지는데 후회하지 않겠니?" 이렇게 말함으로써 나중에 아이가 다시 피아노를 배우겠다고 떼 쓰는 것을 미리 차단함과 동시에 아이의 의견을 내가 존중하고 있음을 보여주는 효과가 있었다. 피아노도 잘하면 좋지만 아이가 굳이 원하지 않는데 시키는 것은 불필요하다고 생각한다. 그저 남들이 하니까 불안한 마음에 아이의 적성을 무시한 채 밀고 나가서는 안 된다. 즉 아이가 팔방미인이 되길 바라는 마음은 부모의 욕심일 뿐이다. 모든 것을 잘한다는 것은 바꿔 말하면 특별히 잘하는 것이 없다는 뜻이 아닌가!

나는 그러한 이유에서 아이의 지나친 수학 선행학습을 포기했다. 재형이는 수학에 영 둔한 것 같았다. 내가 인내심을 갖고 다양하게 설명해도 이해를 잘 못하는 것이다. 그때 나는 난이도가 높은 수학은 재형이에게 무리라고 판단하여 한 학기 정도만 앞서서 공부시키고 그 대신 놓치는 부분이 없도록 철저히 반복학습을 시켰다. 당시에는 지금과 달리 민사고나 외국어고보다는 각 지역의 과학고가 가장 선망의 대상이었다. 일류대학을 보장할 수 있는 서울과학고를 가려면 수학경시대회 경력이 필요했는데 그러기에 재형이는 수학적 재능이 부족해 보였다. 나는 다소 아쉬웠지만 수학을 포기해야 했다.

나는 아이가 모든 것을 잘해야 한다는 환상을 버리고 꾸준히 학과공부에 매달리게 했다. 모든 과목을 다 잘할 수는 없지만 한두 가지에 집중해서 시너지 효과를 기대해보기로 했다. 내가 지도할 수 없는 부분이라서 피아노를 포기했고, 우리아이 수준에 비해 너무 어려운 수학은 과감히 포기했다. 대신에 내가 가르칠 수 있는 일, 아이가 흥미를 가지는 일에 집중하기로 했다. 그것은 글쓰기와 영어공부였는데 목숨 걸고 매달렸더니 결과는 매우 긍정적이었다.

그 덕분에 미국에서 ESL 과정(영어를 모국어로 사용하지 않는 사람들을 위한 영어공부 과정)을 생략하고 바로 정규수업에 들어갈 수 있었고 글쓰기는 지금도 부담 없이 즐기는 분야가 되었다. 이렇듯 자기가 좋아하는 분야를 선택하고 집중하면 반드시 좋은 결과가 있을 것이다. 그런데 '선택과 집중'이라는 말은 쉬운 게 아니다. 하나라도 더 시키고 싶은 것이 요즘 부모들 마음이 아닌가? 다만 나는 아이에게 부담을 주지 않고 흥미를 꾸준히 이어가기 위해 전략적으로 선택하고 집중한 것이다. 물론 시간이 지남에 따라 선택과 집중의 대상을 바꿀 수 있다. 나중에 수학에 집중할 시간이나 계기를 만들면 된다. 결국 재형이는 영어나 다른 과목이 안정되자 수학에 집중할 시간을 더 확보할 수 있었다.

이렇듯 몇 가지만(영어, 일기쓰기) 잘하고서도 만족한 결과를 얻을 수 있다는 얘기는 다른 말로 하면 너무 많은 것을 다 잘하는 것은 좋지 않다는 뜻도 된다. 하느님은 공평하셔서 한 사람에게 너무 많은 재능을 선사하지 않으셨다. 그런데도 불구하고 여러 가지를 모두 잘하길 기대한다면 재능이 서로 상충되어 원래 타고난 재능마저 발휘하지 못하는 결과를 초래한다. 한 가지를 완전히 하고 다른 것을 추가하면 더 좋은 효과를 기대할 수 있다. 우리말 다음에 영어, 그 다음에 프랑스어, 피아노 다음에 다른 악기…. 이런 식으로 하면 된다.

나의 '선택과 집중'에도 원칙은 있었다. 첫째, 아이의 적성에 맞지 않으면 과감히 버렸다. 대부분의 엄마들이 흔히 범하는 잘못은 아이의 특성을 무시한 채 부족한 과목을 무작정 많이 시킨다는 것이다. 특성을 무시한 밀어붙이기식 교육은 흥미를 잃게 할 뿐만 아니라 아이의 사고력도 저하시킨다. 그래서 나는 우리 아이에게 맞지 않는 수학 선행학습을 포기한 것이다.

둘째, 아이의 의사를 존중하여 피아노 교습을 포기하였다. 그래야 다음에 또 배우겠다는 요구를 하지 않게 된다. 자신의 요구가 받아들여졌다는 생각에 아이도 만족해하면서 다른 일에는 책임을 다하려고 노력하게 된다.

셋째, 부모가 도와줄 수 없는 것이라면 과감히 포기한다. 피아노는 많은 연습을 필요로 한다. 효과를 보려면 매일 일정시간을 연습에 몰두해야 한다. 하지만 열정만 갖고 시작하기에는 그것은 너무 힘든 일이다. 엄마가 옆에서 연습시간을 지켜보고 지루함을 버틸 수 있도록 도와주어야 하는데 나는 자신이 없었다. 내가 할 수 없는 일을 아이에게 요구할 수 없었다. 넷째, 아이가 호기심을 보일 때 시작해야 한다. 글을 깨치는 것도 그렇고 영어를 배우게 된 것도, 미국에 가게 된 것도 모두 아이의 호기심을 채우기 위한 것이었다. 이러한 내적 욕구가 강할 때 시작하면 많은 노력을 들이지 않고 빠른 효과를 기대할 수 있다. 다섯째, 끈질기게 물고 늘어져야 한다. 영어공부나 일기쓰기는 잠깐 한다고 해서 느는 것이 아니다. 최소 6년에서 길게는 10년 이상 한결같이 노력해야 효과를 볼 수 있다. 그래서 얻은 결실이 지금의 예일대 합격이다. 금방 나타나는 효과를 기대한다면 그것은 아이의 진정한 경쟁력이 될 수 없다.

● 함께 공부하는 엄마가 되라

어느 따사로운 봄날이었다. 강원도에서 이사온 지 몇 달이 지나고 서울 생활도 자리를 잡아갈 무렵, 공부방을 청소하다 아이의 연습장 노트에 적힌 글을 읽고 깜짝 놀랐다. 언뜻 이해를 못해 읽고 또 읽었다. 내 심장이 뛰는 소리가 들렸다. 아무리 보아도 이것은 나를 향해 던진 돌이었다. 적힌 날짜를 보니 이사 오기 전 강원도에서 쓴 글이었다. 그때가 초등학교 4학년이었나 보다. 내가 일기 검사를 하니 거기에 쓰지 못했는지 아니면 공부를 하려고 책상에 앉아 있다가 끓어오르는 분노를 글로 풀었는지 알 수 없지만 대충 이런 내용이었다. "나보고 공부하라고 그러고 지

(엄마)는 TV나 보면서 한가하게 놀면서. 내가 내년 봄에는 집을 나갈 거다. 나가서 다시는 집에 오지 않겠다!"

그러고는 잊어버리고 아무 곳에나 두었던 것을 내가 발견한 것이다. 나는 차마 네가 쓴 거냐고 묻지 못하고 노트를 들고 나와 남편에게 보여주었다. 남편도 충격이었는지 아무런 말도 못하고 나의 얼굴만 살폈다. 남편이 아무런 위로의 말도 못하는 걸로 봐서 이것은 큰 사건임에 틀림없다. 남편은 심상치 않다고 생각했는지 나를 데리고 밖으로 나왔다. 당시 우리 아파트 옆에 보라매 공원이 있어 그리로 날 데리고 나갔다.

한참이 지나서야 참았던 눈물이 쏟아졌다. 그냥 등만 두드려주는 남편의 가슴에 얼굴을 묻고 한참을 울었다. 나는 억울하고 슬펐다. 그때도 나는 연속극을 좋아하지는 않았는데 왜 아이가 나를 TV나 보는 사람으로 매도한 것인지 알 수 없었다. 그리고 모두 저 잘되라고 한 것인데, 생각하니 보통 서운한 것이 아니었다. 시시하게 해서 뭐 제대로 되는 일이 있는가. 엄마가 좀 힘들게 했기로서니 엄마에 대해 그런 생각을 하다니 이해를 못해준 아이가 야속하기만 했다.

지금도 이 일은 나에게는 큰 상처로 남아 있지만 나를 돌아보는 계기가 되었다. 아이의 생각도 틀리지는 않다고 생각한다. 재미있는 프로그램을 보고 있는데 공부하라고 내몰고서 엄마는 TV를 보고 있었으니 나도 할 말은 없다. 그래서 고민 끝에 나도 공부하기로 결심했다. 그동안은 공부하는 습관을 심어준다고 학교 가기 전에 수학 학습지를 2장 정도 풀게 하거나 짧은 발음용 테이프를 듣게 했다. 그리고 학교 갔다 와서는 숙제와 그날

해야 할 공부를 마쳐야 놀 수 있었다. 이런 것들이 모두 아이에게는 부담이 되었나 보다. 하지만 습관을 형성하기에는 어릴수록 좋다. 시기를 놓쳐버리면 나중에는 억만금을 주고도 못한다. 초등학교 때 공부하는 습관을 들이고 부족한 부분 없이 잘 지도해놓으면 나중에 큰 어려움 없이 공부할 수 있다. 언제까지 엄마가 공부를 지도할 수 있겠는가? 내면에서 공부하고 싶은 강한 욕구가 절로 일어나야 성공할 수 있다. 왜냐하면 공부는 하루 이틀에 끝낼 수 있는 일이 아니기에, 길고 긴 마라톤이기에 수없이 많은 어려움에 부딪친다. 그때마다 엄마가 대신 고민해줄 수 없는 노릇이다. 엄마는 아이가 스스로 공부할 힘을 옆에서 길러줄 뿐이다.

그래서 나는 그동안의 방법이 아닌 새로운 시도를 할 시기라는 결론을 내렸다. 아이도 새로운 것을 요구하고 있었다. 아이들의 모델은 부모이다. 가장 많은 시간을 함께 보내는 부모를 아이는 닮아갈 수밖에 없다. 미워하면서도 싫어하면서도 배운다는 말이 있지 않은가! 그래서 나도 공부하는 모습을 보여주자고 결심했다. 아이가 혼자 외로운 공부를 하는 일이 없도록 말이다. 또 어차피 아이를 지도하려면 나도 공부를 해야 앞으로 가르칠 수 있고 대비할 수 있기 때문이다. 아이의 책상 옆에 나란히 나의 책상을 준비하고 아이가 공부할 때는 나도 공부했다. 책이나 신문을 볼지언정 TV시청은 삼갔다.

아이의 영어공부를 위해 이런저런 방법을 연구하고 나도 공부를 하다 보니 다시 시작한 공부지만 초보자 단계를 벗어나고 있었다. 좀더 체계적으로 할 필요가 있었고 막연하지만 아이의 유학을 염두에 두고 있었던지라 교육대학원 영어교육과에 입학했다. 이것이 나중에 내가 아이와 함께 유학할 수 있는 계기가 되었다. 마흔에 시작한 공부. 건강을 생각하며 나머지 인생을 준비해야 할 나이인데 무슨 공부냐고 남들은 핀잔 아닌 핀잔을 늘어놓았다.

그러나 나는 그렇게 생각하지 않는다. 이 나이에 공부할 수 있는 기회가 주어진 것이 얼마나 행복한가. 꼭 공부를 해서 대단한 것을 이루지 않더라도 말이다. 이런 행복감은 외롭고 긴 미국생활을 지탱해준 힘이 되었다. 같이 유학 온 젊은 친구들한테 지지 않기 위해서도, 아이도 똑같이 힘든 하루를 보내리라 생각하며 열심히 공부했다. 미국에서의 공부는 영어가 부족하고 나이도 들어서 어느 것 하나 쉽지 않았지만 나에게는 두려움이나 불안을 잊게 한 원동력이자 생존 그 자체였다.

● 무작정 휩쓸리지 말고 꼼꼼히 따져라

요즈음 아이들을 보면 무척 바쁘다. 재형이가 자랄 때도 해야할 일이 많다고 느꼈는데 요새는 논술이 새로 추가되어 더 바쁘다. 내가 아는 한 엄마는 초등학교 2학년 자녀를 두고 있는데 영어에 논술, 수학까지 학원에 보내고 피아노와 학습지 선생님이 집으로 직접 찾아온다. 초등학생이 숙제 뿐만 아니라 다양한 과외활동에 시달린다고 하니 안타깝다. 엄마가 학교 앞에 차를 세워놓고 기다리다가 차 안에서 아이에게 점심을 먹이고 학원으로 데려다주면 학원에서 학원으로 옮겨 다니다가 7시쯤 귀가한다고 한다. 저녁 먹고 숙제를 시키면 졸기 일쑤고 숙제를 마치면 11시가 훌쩍 넘는다고 한다.

내가 뭐 그렇게까지 시키느냐고 했더니 요즈음 여의도 아이들은 이 정도는 다 한다는 것이다. 그리고 그렇게 하지 않으면 뒤처지니 안 할 수도 없고 논술 대회까지 생겨 아이가 받아야 할 상이 하나 더 늘어 힘들다고 하소연한다. 심지어 대회가 없으면 좋겠다고 한다. 글쓰기는 책에서 나오니까 책을 많이 읽히는 게 더 낫지 않을까라고 조언하자 냉담한 반응뿐이다. "들어간 것이 있어야지 나오지요?" 또는 "아무개는 학원 몇 달 다니고 지난달 백일장에서 장려상 받았어요." 이쯤 되면 입을 다무는 것이 더 낫다.

나는 엄마들에게 묻고 싶다. 학교, 학원(최소한 두 군데 이상), 피아노, 숙제에 거기다 두세 달 만에 백일장에서 상 받기…. 엄마들은 할 수 있는지 궁금하다. 어렸을 때부터 학원이나 과외에 의존한 아이들은 뒷심이 부족할 수밖에 없다. 왜냐하면 혼자서 공부하는 법, 스스로 문제 해결하는 법을 모르기 때문이다. 스스로 공부하고 독서를 많이 한 아이들은 그 위력이 서서히 나타난다. 결국 자녀교육의 성패는 엄마가 어떻게 하느냐에 달려 있다.

관심 있는 엄마라면 아이의 학교 시간표 정도는 꿰고 있어야 한다. 나는 시간표를 냉장고에 붙여두고 집에서 청소할 때에도, 혼자 밥을 먹으면서도 '지금은 국어시간이구나, 지금쯤 점심시간이네' 하고 되새긴다. 이러면서 아이의 귀가 시간도 짐작해 보고 간식거리도 준비한다. '오늘은 월요일이라 전체조회가 있었겠구나. 뭘 했는지 물어봐야지, 수요일은 일찍 끝나니까 책도 좀 읽게 하고 만화도 볼 수 있겠구나.' 이렇게 방과 후 계획을 세우는 것이다. 물론 주 단위 계획은 이미 세워두었지만 학교 시간표를 알면 조금의 융통성이 생기고 자투리 시간을 활용할 수 있다.

엄마라면 아이의 알림장을 꼼꼼히 챙길 필요가 있다. 한번은 알림장 때문에 학교를 찾아간 일이 있다. 1~2학년 동안은 알림장을 꼭꼭 써오더니 3학년이 되면서 알림장이 없는 것이다. 머리가 굵어진 녀석이 꾀를 내어 그냥 숙제를 외워 오는 것이다. 그러니 숙제를 빼먹는 일도 잦아졌다. 야단을 친 뒤 알림장은 꼭 쓰긴 하는데 숙제만 달랑 써 오는 것이다. 그 주에 당부하고 싶은 선생님의 말씀이나 주간 계획을 아랫줄에 써 오기 마련인데 딴에는 중요치 않다고 여겨졌는지 하나도 적어 오지 않았다. 나는 이상하게 여겨 담임선생님을 찾아갔다. 정말 가정에 알릴 사항이 없는지 궁금해서 여쭤보았다. 그런데 선생님은 선생님대로 오해하고 계셨다. 자녀에게 도통 관심이 없는 부모로 말이다. 폐품수집에도 참여하지 않고 청소용 걸레도 만들어주지 않았으니까. 그 일로 아이는 나에게도 선생님에게도 꾸중을 들었다.

상을 받기를 원하는 엄마라면 월 1회 나오는 가정 통신문을 챙겨라. 나는 시간표 옆에 가정 통신문도 붙여두고 수시로 챙겨 보았는데 매달 행사가 있기 마련이다. '식목일 행사로 그림 그리기 대회가 있습니다.' 이러면 아이와 시간 있을 때 그림 몇 장을 그려 본다. '가정의 달을 맞아 교내 백일장이 열립니다.' 이러면 또 운문쓰기 책을 찾아 시를 몇 수 지어본다. 저학년 시라는 것이 형식을 갖춰 동심만 잘 담으면 되는 것이라서 그다지 어렵지 않다. 그러나 아무런 준비도 없이 임하는 아이는 엄청 어려울 수도 있다.

대단히 준비하지 않아도 상을 받을 수 있는데도 말이다.

　공부 잘하는 아이를 원한다면 꼭 문제집 채점을 직접 하라. 붉은 색 펜이면 더 좋다. 그러나 점수는 매기지 말자. 나는 아이가 기분이 상할까봐 쫙쫙 긋는 방법을 쓰지 않고 √표시를 해주었다. 목적은 시험이 아니라 부족한 부분을 알기 위한 것이니 '하나 틀리는 데 한 대씩' 이러지는 말자. 주로 어떤 문제를 틀렸는지 점검해보고 몰라서 틀렸으면 가르쳐주면 그만이다. 실수라면 다시 풀어 보게 하면 된다. 그러나 채점하기는 쉬운 일이면서도 매번 하기가 쉽지 않다. 아무리 많은 문제집을 풀어도 채점하지 않으면 모든 것이 허사지만 엄마가 해주면 효과는 배가된다.

　중학생이 되면 아이가 자주 가는 인터넷 사이트를 알 필요가 있다. 그 당시는 고속 케이블이 보급되면서 유해 사이트로부터 아이들을 차단하는 것이 문제가 되고 있었다. 그래서 나도 컴퓨터를 배우기 시작하였는데 아이가 엄마를 속일 수 있다고 생각하면 그때부터 아이는 공부와는 담을 쌓은 채 비뚤어질 가능성이 높아진다. 그러니 엄마도 컴퓨터를 알아야 유해 사이트로부터 아이를 보호할 수 있다. 그때 중학생들이 홍미를 가지는 사이트가 '자살 사이트', '동성애 사이트', '음란 사이트' 등이었다. 만약 엄마가 집에 없는 경우에는 무방비로 노출될 확률이 높다. 나는 아이에게 "주소창 지우지마! 지우면 유해 사이트 간 것으로 알 테니." 그리고 이렇게 덧붙인다. 네가 간 사이트 엄마도 추적해볼 줄 안다고.

● 평범함과 비범함은 백지 한 장 차이다

재형이는 평소보다 늘 실전에 강했다. 별로 준비하지 못했는데 상을 받아오고, 서울대학교 과학영재 선발시험에서는 한 달 남짓 공부하고서도 선발되어 1년간 연수를 받았다. 자랑 아닌 자랑이지만 똑같은 노력을 했는데도 누구는 1%에 들고 누구는 그냥 중상위에 머문다. 머리가 좋아서일까? 아니라고 생각한다. 나는 시험기간이라도 아이를 11시 쯤 잠자리에 들게 하였다. 아무리 늦어도 자정을 넘긴 적은 없다. 학원을 다니지 않은 탓에 시간적 여유가 있기도 했지만 꼭 학습의 성과를 양으로 설명할 수 없지 않은가. 결정적인 순간에 엄청난 힘을 이끌어내는 것이 성취감이다. 그 '성취감에 대한 기억', 그 달콤함 때문에 오랜 세월 참고 견딜 수 있는 것이다.

나는 우리아이를 크고 작은 대회에 많이 내보냈다. 아무리 조그만 상이라도 아이에게는 엄청난 자극이 되기 때문이다. 아이는 상이라도 받으면 좋아서 어쩔 줄 몰라 하며 하루 종일 싱글벙글, 우쭐대며 자신감이 넘친다. 여기서 얻은 성취감은 머릿속에 각인되어 시험 준비를 한다든지 대회 준비를 할 때 지겹거나 힘든 일을 참고 견디게 해준다. '아! 반드시 이루고 말거야' 하며 상을 받는 순간을 상상하고 느끼도록 하라. 이러한 성취감에 익숙해지면 아이는 스스로 최고를 향해 달려간다. 그러니 성취감을 머릿속에 떠올리게 하고 느끼도록 유도하는 것은 엄마의 가장 중요한 역할이다.

미국 육상선수 짐 소프는 기이한 행적을 남긴 것으로 유명합니다. 올림픽 출전 선수들을 태우고 항해 중인 배에서 다른 선수들은 달리기 연습을 하고 체조도 하고 있었습니다. 그러나 짐 소프는 운동복도 입지 않고 갑판에 올려놓은 구명 보트에 걸터앉아 눈을 감고 있었습니다. 코치가 "소프, 자네 도대체 뭐하는 거야?"라고 나무랐습니다. 햇빛에 탄 소프는 실눈을 뜨면서 대답했습니다. "10종 경기에서 우승하는 장면을 떠올렸습니다." 그렇게 말하고 또다시 눈을 감아버렸습니다. 그리고 그는 정말 올림픽에서 우승을 했습니다.

●●● 강헌구, 《아들아 머뭇거리기에는 인생이 너무 짧다1》 중에서

아이에 대한 엄마들의 불만을 들어보면 크게 몇 가지 유형이 있다. 우리아이는 의욕이 없어요. 스스로 하지 않아요. 집중력이 없어요. 상에는 관심이 없고 그냥 대충해요…. 이 모든 문제는 성취감을 경험하고 그 순간을 떠올리게 함으로써 해결이 가능하다. 그런데 상을 받아서 성취감을 느끼게 해주는 것이 갑자기 될까? 그렇지 않다. 또 그냥 상만 받았다고 성취감이 생길까? 아니다. 노력을 한 대가로 받은 상이라야 진정한 성취감을 맛볼 수 있다. 성취감은 오래 인내한 기억, 힘들게 했던 일, 포기하고 싶었던 순간들, 이 모든 것을 극복하고 이룰 때 비로소 얻어진다. 거기다 옆에서 같이 기뻐할 사람이 있으면 더욱 커진다.

또한 성취감은 반드시 큰 대회를 통해 얻을 수 있는 것이 아니다. 작은 일이 하나하나 쌓여 작은 대회, 큰 대회, 인생을 통해 길

고도 넓게 이루어진다. 모든 성취는 한순간의 노력으로 이루어지는 법이 없다. 인생이란 아이 스스로 비전을 가지고 이루어나가야 하지만 그전까지는 부모가 옆에서 자극과 격려를 하며 아이를 성장시켜야 한다. 이러한 긴 과정을 무시한 채 대부분의 엄마들은 성급히 결과를 기대하는 것 같다. 성벽을 완성하기 위해 벽돌을 쌓아올리듯 하나하나 차근차근 풀어나가자.

그러기 위해서 처음에는 목표를 작게 잡자. 숙제를 시간 안에 끝냈을 때, 작은 문제집을 잘 풀었을 때, 혹은 쪽지 시험을 잘 봤을 때 칭찬을 통해 자신감을 심어주자. 그리고 반에서, 학교에서 먼저 인정받는 아이로 자라게 해주자. 아이는 큰 대회, 작은 대회를 구분할 줄 모른다. 어떻게 보면 작은 대회가 더 중요할 수도 있다. 아이에게는 의미 있는 사람에게 받는 칭찬과 인정이 더 중요하기 때문에 주변의 친구, 학교 선생님으로부터의 관심과 인정이 더 효과적이다. 큰 대회에서 받는 상이 학교에서 받는 상보다 더 작게 느껴질 수도 있다. 그러므로 친구들이 알아주지도 않는 경시대회를 목표로 삼지 말고 학교행사를 잘 챙기는 것부터 시작하자.

또한 재형이는 특유의 '샘' 이랄까 승부욕으로 똘똘 뭉친 아이였는데, 이것이 장점으로 작용했다. 물론 지나친 샘은 단점으로도 작용할 수 있지만 최상위권으로 진입하기 위해선 이것이 반드시 필요하다. 샘의 장점은 자신의 모든 것을 쏟아 부어 어떤 일에 임하도록 만들어 평상시 실력 이상을 발휘하고 실패해도 다시 도전하겠다는 오기를 발동시킨다는 것이다. 단점은 이기심이 생겨 팀워크를 발휘해야 하는 순간에 팀 자체의 힘을 약화시킬 수 있다는 것이다. 미국에서도 이 샘은 남달라서 '꼭 학교 신문사 전체 편집장이 되어야지!' 라는 생각에 남들보다 더 열심히 노력했다. 그런데 어이없게 다른 아이에게 편집장 자리가 돌아가자 재형이는 펑펑 울어댔다.

우리아이의 승부욕에 상처를 남긴 사건이 하나 더 있었다. 재형이는 과학 퀴즈대회 예선을 통과한 후 뉴저지 주 전체 대회를 앞두고 방과 후에도 학교에 남아 맹렬히 연습했다. 그래서 주변 사람들에게도 구경 오라고 잔뜩 선전해놓았다. 팀장으로서 팀을 이끌며 팀원을 너무 닦달을 했는지 팀원 사이에서 불만이 쏟아져 나왔다. '너무 승리에 집착하는 것 아니냐' 란 소리를 들으면서도 '우리도 1등 해서 전미대회 한번 구경해보자' 고 맞받아치며 딴에는 카리스마를 발휘했다. 결과는 초반 탈락이었다. 학교에서 두 팀이 출전했는데 그래도 정예들이 모인 A 팀이 몰락해버린 것이다. 응원단이 다 오기도 전에 끝나버린 것이다. 그날 우리아이는 점심을 굶었다. 더 이상 행사장에 못 있겠다고 해 중간에 집으로 왔다.

그날은 팀원이 자기 마음 같이 따라주지 않았다고 불만이더니 다음날은 "대학이 왜 리더 경험을 중요시하는지 알겠어. 개인 하나하나를 관리해야 했어. 내년엔 꼭 해낼 거야" 이렇게 오기를 낸다. 뭔가 특별한 아이로 키우려면 성취감과 승부욕, 자기최면에 걸리게 하자. 그러면 아이는 스스로 목표를 향해 달려간다.

● **아이가 힘들어할 때 어떻게 격려할까?**

아이의 영어듣기 실력을 늘리기 위해 짧은 문장으로 이루어진

회화 테이프로 받아쓰기를 한 지 일 년쯤 지났을 때였다. 아마 초등학교 4학년이었을 것이다. 30분 동안 거의 매일같이 한 문장을 받아쓰고 나면 테이프를 멈춰 받아 적는 식이었다. 나는 원문을 보고 빨간색으로 빠진 곳을 채워주기도 하고 틀린 것은 고쳐주기도 했다. 그렇게 영어실력이 자리를 잡는 줄 알았는데 뜻밖의 일이 생겼다. 영어 받아쓰기를 하기 위해 작은 상과 녹음기를 거실로 갖고 나와서 하는가 싶더니, 테이프를 아무렇게나 돌리다가 딱 꺼버리고 또다시 '휘리릭' 돌리더니 딱 꺼버리기를 반복하는게 아닌가! 설거지를 하고 있던 나는 귀에 거슬리는 금속성 소리에 하던 일을 멈추고 아이에게 가 지금 뭐 하는 거냐고 나무랐다.

"나 이제부터 받아쓰기 안 할 거예요." 상기된 얼굴로 폭탄선언을 한다. 지금까지 없었던 일이라 나는 조금 당황스러웠다. 불호령이 떨어질 줄 알았는데 내가 주춤하니까 아이는 여세를 몰아 아예 소파로 올라가버린다. 화가 나지만 이유라도 들어보자고 했더니 이렇게 말했다. "첫째, 무엇보다 학교에서 하지도 않는 영어를 왜 해야 하며, 둘째, 아무리 해도 늘지 않는데 뭣 하러 해요? 그냥 중학교 가면 할래요!" 제법 논리적으로 따지고 든다. 아주 벼르고 시작한 것 같았다.

나는 난감했다. 여느 때 같이 윽박질러서 될 일도 아니고 맛있는 것 해준다고 풀릴 일은 더더욱 아니었다. 아이의 기세가 물러설 것 같지가 않았다. 나는 생각 끝에 1년간 모아 놓은 받아쓰기 노트를 갖고 설득하기로 했다. "자, 이것은 맨 처음 노트인데 잘 봐, 어때? 온통 빨간색 투성이지! 그리고 지금 것은 빨간색 부분이 많이 줄어들지 않았니? 그런데 이 문장은 처음에 비하면 길이도 길고 말이야. 너는 늘지 않았다고 생각했지만 노트를 보면 알 수 있지 않니? 어떻게 늘지 않았다고 할 수 있어, 안 그래?"

아이는 전혀 생각지도 못했던 1년 전 노트를 보고 꽤나 놀란 모양이었다. 자신이 보기에도 확연한 발전이 믿기지 않는지 아무 말이 없었다. 자존심 때문인지 쉽게 수긍하려 들지 않았다. 아이는 소파에 등을 돌리며 누워버렸다. 나는 그대로 내버려두었다. 내가 이긴 게임이었다. 내심 미소 지으며 하던 설거지를 마치고 주방을 정리했다. 한동안 버티던 아이는 나에게 오더니 자신의 입장을 전달한다. "영어 받아쓰기 계속 할게요. 그런데 오늘은 안 할래요." 아이도 엄마와의 한판 승부에서 완패는 싫었는지 절충안을 들고 나온다. "그래? 그럼 그렇게 해. 상과 녹음기 제자리 갖다놔야지?" 아이는 금방 얼굴이 밝아지며 정리를 한다. 딴에는 엄마와의 싸움에서 얻은 것이 있다고 생각한 모양이었다. 그 이후로는 불평 없이 더 집중해서 혼자서도 잘했다.

내가 이러한 고비를 잘 넘긴 것은 아이의 관점에서 대화를 풀어 나갔기 때문이라고 생각한다. 첫째, 상대방을 이해하려면 상대방의 말에 귀를 기울여야 한다. 하던 일을 멈추고 상대방을 향해 눈을 맞추어야 한다. 그래서 나는 설거지를 멈추고 아이의 말에 귀를 기울였다. 그리고 중간에 자르지 않고 끝까지 들어주었다. 아이를 어른과 같이 동등한 인격체로 대하기란 쉽지가 않다. 아이라고 무시하거나 대충 들어서는 안 된다.

둘째, 상대방의 말이나 행동 속에 담긴 진심이 무엇인지 생각한다. 많은 엄마들이 아이의 마음을 이해하고 공감하기보다는 설명이나 비판을 먼저 한다. 영어를 왜 해야 하는지 모르겠단 말은 영어공부의 필요성이 무엇인지 궁금하다는 말이 아니다. 영어 받아쓰기가 지루하고 힘들다는 마음을 표현하고 싶었던 것이다. 이때 엄마는 '영어 받아쓰기가 힘들지?' 하고 공감만 해주면 된다. 아이도 중학교에 가서 더 잘하기 위해 영어 공부를 한다는 것쯤은 이미 알고 있다.

셋째, 마음을 이해한 후 그것을 전달해야 한다. 가까운 사이라서 이야기하지 않아도 서로 통할 것이라는 착각이 오해를 낳는다. '너는 늘지 않았다고 생각했지만'과 같이 구체적으로 아이의 마음을 읽어주는 것이 좋다. 그리고 공감을 이끌어낸다. '어떻게 늘지 않았다고 할 수 있어, 안 그래?' 자연스럽게 아이는 힘들어도 공부는 해야 한다는 사실을 되새길 것이다.

이렇듯 아이를 키우다 보면 아이와 머리싸움을 해야 할 때가 많다. 자칫 잘못해 받아주기 시작하면 그동안 쌓아온 습관은 한 순간에 무너져버린다. 그리고 궁색한 이유로 아이를 일방적으로 끌고 가도 효과를 보지 못한다. 곰곰이 생각하면서 대응방안을 고민해야 한다. 나는 그때까지 버리지 않고 모아둔 노트 덕을 톡톡히 보았다. 언제나 아이와 갈등이 빚어졌을 때, 즉각적이고 감정적인 반응보다는 아이의 입장에서 생각해보는 것이 서로 상처받지 않고 둘 다 이기는 방법이다.

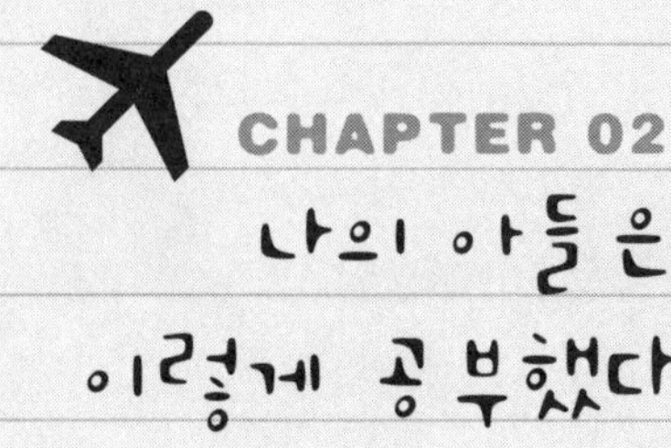

CHAPTER 02
나의 아들은
이렇게 공부했다

● 자기주도 학습법을 익혀라

컴퓨터를 모르고서는 글로벌 경쟁사회에서 살아남기 어렵다고 생각하여 나는 아이에게 컴퓨터 교육을 일찍 시작했다. IMF 이후인 그 당시에는 미국의 실리콘 밸리나 한국의 IT 관련 벤처 사업이 언론의 주목을 받고 있었다. 컴퓨터 관련 갑부를 소개하며 물자나 자원이 부족한 우리나라는 이러한 지식정보 산업에 투자해야 한다며 신문이나 방송에서 한 목소리로 말하고 있었다.

게다가 아이가 초등학교 6학년인 그때는 대학입시에 반영되는 특기화 교육 붐이 일어났었다. 각종 자격증은 입학서류에 첨부할 수 있으며 한 가지만 잘해도 대학에 갈 수 있다며 교육부가 홍보를 하고 있던 때였다. 그러한 이유로 컴퓨터 자격증 학원은 호황을 누리고 있었고 각종 컴퓨터 소프트웨어 프로그램 책들이 시중에 넘쳐나고 있었다. 재형이는 학교 공부 외에 과외활동이 없었기 때문에 컴퓨터 재능도 알아볼 겸 아이와 함께 컴퓨터학원을 방문했다.

워드 프로세서 반은 실기와 이론 각각 두 달 과정으로 나누어져 있었다. 그런데 실기와 이론을 동시에 하자니 너무 시간에 쫓길 것 같아 먼저 실기만 등록하고 오는 길에 서점에 들러 이론서를 읽어보았다. 성인용이긴 하지만 혼자서도 공부할 수 있게끔 만들어진 책이 있었다. '이것으로 혼자서 공부하는 방법을 익히도록 해봐야지' 하는 생각에 미쳤다. 공부는 독학이 최고다. 처음에는 시간이 걸린다는 단점이 있지만 결국 공부는 혼자 하는 게 아닌가? 스스로 찾아서 하는 공부는 온전히 나의 지식으로 남는다. 혼자 공부하는 즐거움을 아이가 컴퓨터 자격증을 따면서 몸소 체득하길 바랐다.

혼자 공부해서 자격증을 취득하려면 책 읽는 방법부터 달라야 한다. 일반적으로 사람들은 본문부터 바로 쭉 읽어 내려간다. 목차나 머리말 같은 것은 상관없다고 지레짐작한 후 흘려버리는 수가 많다. 하지만 자습용 책은 처음부터 찬찬히 읽어볼 필요가 있다.

먼저 책의 구성을 알아본다. 대부분의 자습용 책들은 책을 이용하는 방법에 대해 먼저 자세히 밝히므로 꼭 챙겨보아야 한다.

특히 중요한 부분은 색깔이 다르거나 강조되어 있으므로 시각적으로 눈에 띈다. 물론 쉬운 내용이라 판단되면 강조된 부분을 거치지 않고 건너뛰어도 되지만 책을 이용하는 방법에 대해 제대로 살펴볼 필요가 있다. 즉 전체 구성을 훑어보면서 책의 특성이나 바람직한 학습법을 미리 염두에 두어야 한다.

다음에는 목차를 살핀다. 책에서 다루는 내용을 시험 날짜에 맞춰 양을 나눈다. 이때 유의할 점은 책을 끝내는 시점이 시험 바로 코앞이어서는 안 된다는 것이다. 시험 치기 전 얼마 정도는 다시 훑어볼 시간이 필요하다. 실전 문제집을 통해 시험의 감을 익혀야 하므로 며칠 정도 여유를 두는 것이 좋다. 이렇게 기간을 정했으면 하루 분량을 정하고 계획대로 공부해나간다. 나는 아이에게 책에서 중요하다 싶은 내용에는 밑줄을 긋게 하고 이해가 안 되는 부분엔 ✓표시를 하게 했다. 또 앞의 내용이 반복된다 싶으면 별표를 해 다시 전체적으로 훑어볼 때 이 부분을 집중적으로 참고토록 했다.

어떠한 시험이든 그 시험 유형에 익숙해질 필요가 있다. 그러면 시험 당일 당황하지 않는다. 일주일 동안은 예상문제집을 집중적으로 본다. 두 번째는 틀린 문제만 집중적으로 본다. 틀린 문제는 왜 답이 아닌지 분명히 짚고 넘어가야 비슷한 실수를 막을 수 있다. 이렇게 되면 시험 준비는 다 끝난 셈이다.

이러한 식으로 재형이는 중1학년 여름 방학을 이용해서 정보처리기능사 자격증을 혼자서 땄다. 필기시험에 합격해야 실기시험을 볼 수 있었는데 대뜸 필기시험부터 합격하는 바람에 실기는 한 달 동안 아침저녁으로 두 번 학원을 다니며 공부해야 했다. 모든 일은 첫 번째보다 두 번째가 쉽기 마련이다. 정보처리기능사 자격증은 워드 프로세서 자격증보다 더 쉽게 따냈다. 혼자서 공부하는 방법, 즉 자신이 주인이 되어 공부하는 방법을 터득한 뒤라 얻을 수 있는 결과였다.

이러한 훈련은 자기 스스로 계획하고 수행하며, 스스로 평가하는 단계를 거친다. 그러므로 자기 분석력과 자기관리 능력을 동시에 얻게 된다. 이것은 혼자서 공부하는 방법을 익히는 것이며 나만의 공부를 할 수 있는 밑거름이 된다. 이런 점이 미국식 공부와도 일맥상통하는 부분이다. 미국 교육이 '너의 생각은 무엇이냐'를 항상 묻기 때문에 혼자서 준비하지 않으면 안 된다. 지나치게 학원에 의지한 아이가 뒷심이 딸리는 이유도 바로 남이 주도하는 학습에 익숙해져 있기 때문이다. 또한 교과공부를 선생님 노트에 의지하지 않고 자신의 스타일로 재정리할 수 있는 능력이 생긴다.

자기주도 학습법

1. 목표를 정한다(자격증 따기, 평균 3점 올리기).

2. 전략을 세운다(독학용 자습서로 공부한다, 교과서 읽기와 필기한 것을 복습한다).

3. 기간에 맞춰 공부할 내용을 나눈다(책, 실전 문제집, 하루 20페이지 씩).

4. 매일 매일 계획표대로 공부하는지 점검한다.

5. 시험 준비가 다 되었는지 평가한다(실전과 같이 시간을 엄수하며 스스로 평가한다).

이처럼 자기 스스로 연구하는 학습법은 꼭 필요하다. 세상에는 수많은 공부법과 원칙들이 있지만 자신에게 맞는 공부법은 자신이 제일 잘 안다. 그런데 그걸 무시하고 다른 사람이 시키는 대로 하려고 하면 능률이 오르지 않는다. 공부하는 방법을 스스로 터득하면 공부하는 즐거움은 커진다. 이러한 기쁨은 지겨운 학문도 지겹지 않게 하며 내적 욕구를 자극해서 적절히 동기부여를 한다. 따라서 자기주도 학습법에 익숙한 아이들은 남의 일방적인 가르침보다도 혼자서 공부하는 것이 효과적임을 깨닫게 된다. 그러면 사교육을 받지 않고도 상위권을 유지할 수 있다.

● **일기와 글쓰기, 그리고 논술**

내가 아이를 지도하면서 가장 강조했던 것은 일기 빠뜨리지 않고 쓰기이다. 일기는 매일 써야 했는데 그것이 말처럼 쉬운 게 아니다. 아이가 아플 수도 있고, 여행으로 집에 있지 않을 수도, 혹은 코앞에 시험이 닥쳐 있을 수도 있다. 이처럼 빠질 수 있는 핑계는 수없이 많다. 그러나 나는 일관되게 '일기는 매일 써야 한다'고 주장했다. 조금의 틈만 있다 싶으면 아이는 나름의 논리(?)를 만들어 일기를 쓰지 않으려 한다. 그래서 매일 9시경 일기 검사를 했다.

일단은 내용에 상관없이 쓴다는 사실이 중요하다. 왜냐하면 일기를 쓰기 위해 책상에 앉는 순간 하루를 돌아보기 때문이다. 하루를 정리할 수 있다는 것은 일기쓰기의 장점 중 으뜸이다. 아이는 그날의 일 중 가장 인상 깊은 일이나 쓰고 싶은 이야기를 소재로 정한 다음 제목을 쓴다. 일기 쓰는 시간을 따로 정할 필요는 없다. 하교 길에 생긴 일이면 집에 오자마자 써도 되고, 책을 다 읽은 다음이면 독후감으로, 혹은 시로, 여행 중에는 기행문으로 장르와 소재에 상관없이 그날 일기를 쓰게 하면 된다. 일기체로 그날 있었던 일을 순서대로 적는 것은 별 의미가 없다. 아이는 일기를 쓰면서 자연스럽게 글감을 고르는 능력, 주제대로 쓰는 구성력, 표현력이 향상된다. 매일 쓴다는 것을 원칙으로 초등학교 1학년 때부터 6학년 졸업식까지 일기는 반드시 일과에 들어 있었다.

밥을 꼭 먹어야 하듯이 시험기간 중에도 짬을 내어야 하고, 외갓집에서 사촌들과 뛰어 놀다가도, 야영 중이면 텐트 속에서도 예외는 없었다. 처음에는 반항도 하였지만 엄마의 한 번 'NO'는 영원한 'NO'임을 알기에 결국에는 아이도 자연스레 받아들이고 습관으로 만들었다. 부모의 일관된 생각이나 행동은 이럴 때 매우 유용하다. 다행이 재형이는 병원에 입원하여 수술한 적은 없기 때문에 병을 핑계로 일기쓰기를 거른 적은 없다.

내가 일기를 점검하면서 강조한 게 있다면 제목을 정하고 방대한 내용을 담는 게 아니라 제목과 관련 있는 문장으로 자세하게 그리고 될 수 있는 한 많이 쓰기였다. 또 반드시 자신의 느낌을 쓰게 하였다. 나는 특별한 토를 달지 않았다. 아이가 일기를 쓰는 데 최대한 자유로움을 주고 싶어서였다. 이러쿵저러쿵 간섭을 하게 되면 아이는 글을 쓰는 데 나의 평가나 잔소리를 염두에 두게 된다. 초등학교 땐 자신의 느낌을 솔직하게 표현하는 것이 중요하다고 생각한다. 단 이야기가 좀 비약적이다 싶으면 무슨 의미인지 물어보기는 했다. 그리고 어떤 부분이 아주 좋다고 얘기해 주기도 했다. 엄마라면 이러한 생각을 절대 못했을 거라는 등 칭찬도 해주었다.

일기의 또 다른 장점이 있다면 소재의 다양성이 아닐까 생각한다. 다양한 주제를 가지고 쓰다 보면 백일장에서 특정 주제가 주어졌을 때 비슷한 내용을 떠올리기가 쉽다. 뿐만 아니라 자신을 표현하는 방법, 감정을 표출하는 방법을 글을 쓰며 터득할 수 있다. 학교에서 친구랑 다투어 화가 났을 때도 시험성적이 좋아 기쁠 때도 일기를 쓰면 자신의 감정을 알아차리고 다스릴 수 있게 된다. 감정을 순화할 수도 있고 자신을 객관적으로 바라볼 수도 있다.

그런 점에서 일기는 논술의 시작이며 사고력을 계발하는 데 가장 좋은 방법이다. 처음에는 더디게 느껴질지 몰라도 결국에는 내 것으로 만드는 가장 확실한 글쓰기 능력이 일기를 통해 형성된다. 손쉽게 논술학원으로 보내는 방법을 택할 것이 아니라 귀찮고 번거롭더라도 일기쓰기를 게을리 하지 말라고 하고 싶다. 나도 글쓰기에는 매우 서툰 편이다. 하지만 일기를 읽어주었다. 엄마의 작은 관심이다. 이것이면 충분하다. 학원에서 무엇을 하고 왔는지 아는 데 만족하기보다 일기를 꼼꼼히 챙기면서 아이와 유대도 깊어지고 아이가 무엇을 생각하는지 알 수도 있다. 무엇보다 아이의 글쓰기 능력이 향상되는 것을 보는 기쁨이 크다.

예를 들면 초등 1학년 첫 방학에 대한 기쁨을 재형이는 이렇게 표현했다. "아! 기다리고 기다리던 방학이 왔다. 이리 뛰고 저리 뛰었다. 선생님 고맙습니다. 그리고 통지표에는 '말 잘 들음' 이라고 적혀 있었다." 1학년 아이의 동심이 그대로 느껴지는 글이라 생각한다. 선생님이 방학을 시켜주는 것도 아닌데 고맙다는 생각과 무엇보다 통지표의 '아주 잘함' 의 도장을 자기 식 표현으로 '말 잘 들음' 으로 이해했다는 것이 아직도 기억에 남는다. 4학년쯤으로 기억하는데, 저녁식사로 불고기가 나왔던 날 불고기 맛을 이렇게 표현했다. "불고기가 맛있었다. 엄마의 사랑을 느낄 수 있었다." 불고기를 엄마의 사랑과 연결시킬 수 있는 능력, 이것은 일기를 통해 자신의 느낌을 솔직히 표현하는 훈련의 과정이 있었기에 가능한 것이 아닐까? 초등학교 시절 일기 대회에 나가기 위해 상당한 양의 일기를 대회 측에 보낸 것이 지금은 아쉽다. 지금 그대로 있으면 아이가 다시 읽어보고 얼마나 즐거워할까? 일기를 모아두면 시간이 지나면서 자신의 소중한 재산목록 1호가 된다.

● 시험공부 전략 세우기

평소의 공부는 학교 공부와 나만의 진도에 맞춰 하지만 시험기간이 되면 새로운 시간표와 전략이 필요하다. 기말시험에는 음악, 미술 등이 추가되므로 3주 전에는 준비를 시작했고, 중간고사는 2주 전에 집중적으로 준비했다. 시험 전에 전 과목을 세 번 복습한다는 전제 아래 계획표를 짠다. 2주 전에는 교과서와 노트 필기를 중심으로 다시 정리해본다. 1주 전에는 나름대로 요약한 것 복습하기, 문제집 풀기를 한다. 그리고 시험기간 동안은 오답문제와 요약한 것으로 마무리한다. 먼저 시간이 많이 걸리는 국어, 영어, 수학을 마친 다음 과학, 사회, 국사 등을 시작한다. 마지막으로 시험이 가까워질수록 가정이나 예체능 과목을 시작한다.

재형이 같은 경우는 시험준비 기간이라도 평소에 하던 공부는 해야 했으므로 하루에 한두 시간 정도는 더 학습에 치중했다. 시험공부 전략의 핵심은 수업한 내용을 내 것으로 재구성하는 것이다. 시험공부는 결코 벼락치기나 밤샘을 통해 하는 것이 아니다. 평소에 공부한 내용을 온전히 내 지식으로 재가공하는 것이다. 물론 말처럼 쉬운 일은 아니다. 우선 교과서와 노트 필기를 바탕으로 한 페이지 분량으로 중요한 것을 추려놓은 나만의 요약 노트를 만든다. 이것은 시간이 많이 걸린다는 단점이 있지만 한번 정리해놓으면 아주 유용하다. 부피가 가벼워 어디서든 볼 수 있고, 자신이 직접 작성한 것이기 때문에 개념정리도 되고 잘 잊어버리지 않는다. 이로써 시험공부의 절반을 끝낸 셈이다.

여기서 중학교 2학년 때 있었던 일을 소개하겠다. 재형이는 여느 때같이 교과서와 노트 필기를 바탕으로 중요한 것을 한 페이지에 추려 넣었다. 한 페이지로 줄이다 보니 글씨도 작고 그야말로 핵심만 모이게 된다. 무엇보다 재형이는 이러한 일을 아주 좋아하여 아이들끼리 돌려보곤 했는데 담임선생님도 이 사실을 알게 되었다. 컴퓨터로 작성된 것이라 깨끗해서인지 선생님도 놀라신 모양이었다. 선생님이 반 학생들에게 인쇄해 나누어주기를 원해 그렇게 하고 와서 재형이는 이렇게 말했다. "나는 그것을 정리하느라 많은 시간이 걸렸는데 다른 아이들은 그것만 열심히 해서 나보다 시험 더 잘 보면 어떡하지? 선생님이 다른 과목도 해오라고 하셨어요." 아이는 자신이 수고한 것이 아깝고 다른 아이들이 시험을 더 잘 볼까봐 불안한 모양이었다. "그렇지 않아, 재형아! 네가 한 공부는 어디 가지 않는단다. 너는 정리하면서 머릿속에 새겼기 때문에 그냥 정리한 것만 외우는 애들이 따라올 수 없어. 자신이 수고하지 않고 얻은 지식은 오래가지 않아." 그 이후로 재형이는 시험범위에 해당하는 내용을 한 장에 정리하여 반 아이들과 공유하였다.

그 다음은 이 요약본을 중심으로 공부하면서 문제집을 몇 권 풀어본다. 정답을 확인하고 왜 답인지, 왜 오답인지 확인한다. 모르는 내용은 반드시 교과서나 노트에서 찾아본다. 이렇게 하면 객관식 문제가 약간 변형되어 나와도 풀 수 있고 수업시간 선생님의 설명을 떠올릴 수 있다. 세 번째 복습을 할 때는 정리하거나 알고 있는 지식을 확인하는 데 중점을 둔다. 책에 표시해둔 별표를 다시 살펴보고 요약본으로 다 이해가 되었는지 확인하고 문제집에서 틀린 문제만 다시 확인한다.

할 일이 많은 시험기간이 되더라도 시간에 쫓겨 허둥지둥 하지 말자. 이럴수록 계획표를 잘 짜야 한다. 우선순위를 매기면 시간을 절약할 수 있다. 하교 길에 오늘 가장 중요한 것이 무엇인지 생각해두는 것이 좋다. 평소 시간표대로 공부하되 좀더 짜임새 있게 시험공부 시간을 할당한다. 국어, 국사, 사회는 교과서를 여러 번 읽고 정리한다. 수학이나 과학은 문제집 위주로 많이 푼다. 영어의 경우는 놓치기 쉬운 문법을 다시 정리해본다. 흔히 말하는 암기과목은 나와 문답식으로 마무리를 하였다. 시험기간이라고 너무 늦은 시간까지 아이를 책상에 붙잡아 두지 않아야 한다. 평소에 공부해놓으면 시험기간에 새로 해야 할 양이 많지 않게 된다. 그러면 자연스럽게 아이는 잠을 충분히 자고 컨디션도 좋아진다.

TIP 3

시험공부 전략

1 중간고사는 2주 전에, 기말고사는 3주 전에 준비를 시작한다.

2 시험 전까지 교과 내용을 세 번 복습해야 한다.

3 국어, 영어, 수학 등 주요과목을 맨 먼저 시작한다.

4 교과서와 노트를 바탕으로 자신만의 요약본을 한 페이지에 정리한다.

5 시험기간에는 오답문제와 요약본을 최종 점검한다.

6 암기과목은 엄마와 함께 문답식으로 마무리한다.

● 예습과 복습 잘하는 법

공부를 잘하기 위해 능률을 높이려면 예습과 복습을 철저히 해야 한다는 것은 예나 지금이나 변함없는 진리다. 너무나 진부해서 또 그 소리냐고 할지 모르겠지만 이것 빼면 아무 것도 없다. 학습의 가장 기본인 집중력도 이것을 통해서 길러지고 공부하는 습관 또한 이것 없이는 안 된다. 나는 모든 학습지도에 이 방법을 적용했고 아주 만족할 만한 효과를 얻었다. 그럼 예습과 복습에 대해 좀더 구체적으로 살펴보자.

예습은 무엇인가? 학교에서 아직 배우지 않은 내용을 미리 공부하는 것이다. 다음날 있을 수업의 집중력을 키우기 위함이 주목적이니 전반적인 내용과 의문사항 정도만 챙겨도 된다. 예습의 정도는 수업에 대한 관심과 애정을 알 수 있는 척도다. 그러니 예습을 잘해 가는 날은 최고의 집중력으로 최대의 효과를 얻을 수 있다. 예습은 모든 것을 완벽하게 이해하는 과정이 아니다. 가벼운 마음으로 내용을 파악하고 '이것은 뭐지? 잘 모르겠는데!' 하는 정도만 하자. 예습을 하는 데는 시간이 그리 많이 걸리지도 않는다. 시간이 없다면 쉬는 시간을 이용해서 단원명이라도 미리 살펴보라고 조언하자.

또한 예습이 학교수업보다 너무 앞서지 않도록 한다. 혹시 학원을 통해 선행학습을 시킨 엄마들은 이미 예습을 했다고 생각할지 모르지만 그것은 큰 착각이다. 아이들은 몇 달 전 공부한 내용을 지금의 수업과 연계하지 못한다. 그냥 전혀 새로운 공부에 지나지 않는다.

어떤 아이들은 '아! 저건 학원에서 했던 거다. 다 아는 것인데…' 하며 수업시간에 주의를 기울이지 않는다. 다 아는 내용이라 실제 수업시간을 시시하게 여길 수 있다. 그러므로 너무 깊이 하는 것보다 한 번 읽어가는 정도면 충분하다. 가장 좋은 예습은 바로 전날 핵심만 간결하게 준비하는 것이다.

예습은 매일 매일 하자. 우리는 매일 매일 학교에 간다. 그러니 다음날 수업할 내용에 맞춰 매일 예습해야 한다. 이것이 1년 쌓이고 2년 쌓이면 습관이 된다. 습관이 몸에 배면 학습의 절반은 절로 이루어진다. 이런 습관은 엄마가 들이는 수밖에 없고 학원 선생도 족집게 강사도 해줄 수 없는 것이므로 인내가 필요하다. 나는 주로 아침 공부를 통해 예습을 시켰다. 학교 가기 전 30분 정도는 뇌의 준비운동 시간이다. 이러한 습관은 미국에 가서도 이어졌다.

　이렇게 잘 준비한 예습 덕분에 수업에 적극적으로 임하게 되고 잡념을 없앰으로써 수업내용을 시간 안에 소화할 수 있다. 수업의 집중도는 학교 성적과 직접 연관되어 있다. 수업시간에 배운 내용을 시험에 반영하므로 자연히 성적이 올라가지 않겠는가! 그리고 아이에게 수업시간 필기는 중요하다고 각인시킨다. 교과서 여백을 이용하여 자세히 쓰도록 한다. 한번은 재형이가 이렇게 말했다. "애들은 참 이상해요. 시험문제는 선생님이 내는데 수업시간에는 자고 왜 학원 가서 공부하는지 모르겠어요. 학원에서는 지난해 문제 가지고 한대요. 그리고 시험 끝나고 시험지 가져오면 학원에서 애들한테 돈을 준대요. 내년에 쓰려나 봐요." 아이도 아는 사실을 어른들은 모른다.

　재형이가 저학년일 때에는 복습을 중점적으로 시켰고, 고학년이 되면서부터는 점차 예습의 비중을 높였다. 왜 그럴까? 저학년 교과 내용은 대부분 기본적이면서도 중요한 개념들이라서 한번 놓치면 기초가 부실하게 된다. 또 저학년 때에는 하루에 진도를 많이 나가지 않기 때문에 복습으로 충분하지만 고학년이 되면서부터는 하루 학습량도 많아지고 내용 또한 복잡해서 예습을 하지 않으면 수업시간에 내용을 다 소화하기 어렵다.

복습은 여러 번 나누어 반복했는데 집에 온 즉시 한다는 것을 원칙으로 삼았다. 그날 계획표에 따라 반드시 해야 한다. 선생님에게서 들은 내용을 잊기 전에 오롯이 나의 지식으로 만들기 위함이다. 그날 필기한 내용과 교과서를 읽고 아직도 모르는 것이 있는지 챙기는 것이 복습이다. 그냥 건성으로 한 공부는 문제집을 풀면 그 불성실함이 여실히 드러나기 마련이다. 그리고 한 단원이 끝나면 그 단원을 복습한다. 비슷한 개념을 한꺼번에 하나의 큰 개념으로 이해하기 위해서이다. 이 방법은 수학과목에서는 꼭 실시하였다. 문제집을 주로 활용하고 마지막으로 시험범위에 맞춰 다시 한 번 복습한다. 틀렸던 부분이나 중요한 부분을 이 정도 반복하고 나면 자신감이 생긴다.

혹 어떤 학부모는 뭐 그렇게까지 하느냐고 말할지 모른다. 부모도 할 일이 있는데 공부는 아이가 알아서 하는 것이지 어떻게 부모가 일일이 하느냐. 그 말도 맞다. 나도 공부는 아이 스스로 알아서 해야 한다고 생각한다. 하지만 엄마로서 할 수 있는 일이 있을 때 실천하는 것이 뭐가 이상한가? 나중에는 도와주고 싶어도 할 수 없게 된다. 그리고 세상에 공짜는 없다. 이 정도는 공을 들여야 원하는 결과를 얻을 수 있다.

● 교육방송 활용법

적은 돈을 들여 공부하는 방법을 하나 더 얘기 하자면 그것은 바로 교육방송이다. 나는 재형이가 초등학년 5학년 때부터 미국으로 떠나기 전까지 교육방송을 보게 했다. 교육방송은 꼭 영어만을 위한 것이 아니다. 나는 모든 선행학습을 EBS 교육방송을 통해서 했다. 대단한 경시대회를 준비하지 않는다면, 그냥 학교 성적을 올리고자 한다면 더 할 나위 없이 좋은 수단이 된다. 나는 개인적으로 너무 앞서 나가는 방법은 학교 수업을 등한시 할 수 있다는 생각에 한 학기 정도 앞서 나가는 방법을 택했다.

예습을 한다는 의미로 미리 한번 훑어보는 것이라면 시간활용이나 경제적인 측면에서 EBS 교육방송만 한 게 없다. 국어, 영어, 수학, 과학을 주로 활용했다. 다시 한 번 강조하지만 무엇을 하느냐보다 어떻게 하느냐가 중요하다. TV에 나오는 강사는 최고의 강사이고 그도 본인의 명예가 있는지라 사전 준비가 철저하다. 내가 보아도 내용이나 핵심 전달법은 최고임을 알 수 있었다.

교육방송을 100% 활용하기 위해서는 다음과 같이 하는 것이 좋다. 첫째, 교육방송 시간표를 따로 작성한다. 시간만 허락된다면 1, 2 학년 과정을 동시에 시청할 수도 있고 부족한 부분이 있다면 지난 학년 공부도 다시 할 수 있다. 이보다 더 좋은 나만의 개인 맞춤식 공부 방법이 있을까?

둘째, 교육방송 학습은 책과 달리 한번 방송되고 나면 다시 들을 수 없다. 그래서 과목별로 비디오테이프를 따로 만들어 시청하면서 녹화하는 것이 좋다. 시간이 있을 때나 보충이 필요할 때 언제고 보면 된다. 재형이는 선행학습을 주로 교육방송으로 했기 때문에 한 번 보고서는 이해하기가 어려웠다. 그때마다 녹화한 테이프는 아주 유용했다.

셋째, 능동적이고 지속적으로 시청해야 한다. 그냥 TV 화면을 쳐다보고 있으면 안 된다. 우리는 꾸준히 4년 동안(초등학교 5학년 ~중학교 2학년) 시청했다. 처음에는 중1 영어로 시작했다. 제대로 된 문법을 배운 적이 없기 때문에 체계적인 학습이 필요했다. 초등 6학년 때에는 중2, 3 영어를 한꺼번에 마치고, 중1 수학을 시작했다. 중학교 1학년이 되면서 고1 영어, 고2 영어, 중2 수학, 중1 과학, 중1 국어를 시청했다. 중학교 2학년이 되면서 고2, 3 영어, 중3 수학, 중2 과학, 중2 국어를 시청했다.

넷째, 학교 수업과 마찬가지로 예습과 복습을 철저히 한다. 필요하다면 재방송도 봐야 한다. 교육방송은 모든 교과서를 통합해서 강의하기 때문에 아이의 교과서에 없는 내용이 있을 수 있다. 그러므로 꼭 예습을 해야 한다. 이해가 되지 않는 부분, 교과서에 없는 내용을 따로 표시해두고 메모한다. 복습은 방송이 끝난 즉시 책상을 떠나지 않고 마무리한다. 시간이 없을 때는 간략하게 쓴 내용을 나만의 단어로 풀어서 적어두면 효과적이다.

다섯째, 과목마다 노트를 준비하고 학교 수업과 똑같이 중요 내용을 필기해야 한다. 예습을 하면서 표시해놓았던 것을 다시 설명을 들으면서 필기한다. 이렇게 하는 이유는 방송이 주는 지루함을 없애기 위해서이다. 교재에는 빈 공간이 마련되어 있으니 그곳을 활용해도 좋다. 될 수 있는 한 간략하게 쓰고 복습을 하면서 완전한 문장으로 만들어본다. 필기보다 이해가 먼저이니 설명을 놓치지 않는 선에서 한다.

교육방송 활용법

1 교육방송 시간표를 따로 작성한다.

2 과목별로 비디오테이프를 따로 만들어 시청하면서 녹화한다.

3 능동적이고 지속적으로 시청해야 한다.

4 학교 수업과 마찬가지로 예습과 복습을 철저히 한다.

5 과목마다 노트를 준비하고 학교 수업처럼 중요 내용을 필기한다.

　이런 방법으로 미국 가기 전까지 학교 공부에 대비했다. 이 정도로 학교 성적은 상위권을 유지했고 영어는 고3 과정 전부를 중학교 2학년 2학기 때 마칠 수 있었다. 영어 같은 경우는 TV 프로그램만 보는 것이 아니라 라디오 교육방송을 적극 활용했고, 퀴즈대회에 모두 참여하여 벽시계 같은 선물도 많이 받았다. 라디오 퀴즈대회는 주로 고등학생이 출연하는 프로였는데 재형이는 중학생 신분으로 주 장원을 하고 월 장원 대회에 나갔으나 아쉽게도 수상은 하지 못했다. 우리는 교육방송이라면 라디오, TV 할 것 없이 시간이 허락되는 한 활용했다. 중학교 2학년 때는 신문에 난 수능 영어를 시험 삼아 풀어봤는데 한 개만 틀리고 다 맞추는 것이 아닌가! 단언컨대 우리는 영어에 관한 한 사교육에 의존하지 않았다. 물론 고액 과외나 족집게 과외는 우리 집 형편에 엄두도 내지 못한다. 굳이 사교육에 의존하지 않더라도 주변에 좋은 프로그램을 충분히 활용한 것뿐이다.

● 책 읽는 시간과 공간 확보하기

　책 읽기의 중요함은 수백 번을 강조해도 지나침이 없다. 미국에서는 영어 수업을 교과서가 아니라 소설책으로 하기 때문에 자연스럽게 독서하는 분위기가 형성된다. 하지만 우리나라 부모들은 자녀가 학교 공부에 쫓기는 것 같아 정작 책 읽기 교육은 제대로 시키지 않는다. 그러나 요즘에는 독서를 하지 않으면 대학입시를 위한 논술에서 좋은 점수를 얻을 수 없다.

　우선 책 읽는 시간과 공간을 확보해야 한다. 아이들은 시간만 나면 TV를 보려 하거나 인터넷 게임을 하려 한다. 그런 여가활동이 습관으로 굳어져 누가 하란 말을 하지 않아도 자연스럽게 하는 것이다. 독서도 마찬가지다. 습관을 들이면 된다. 하루에 30분 정도라도 책 읽는 시간을 확보해주자. 물론 나는 아이를 학원에 보내지 않았기 때문에 재형이는 자투리 시간을 낼 수 있었다. 너무 많은 시간을 할애하면 아이가 지루해하고 다른 공부에 지장이 될 수 있으므로 최대한 자투리 시간을 활용하자. 자투리 시간은 의외로 많다. 책이 아니더라도 잡지나 신문을 꾸준히 읽혀야 한다. 만약 주변에 도서관이나 대형 서점이 있다면 일주일에 한 번 정도는 정기적으로 다니는 것이 좋다. 그곳에서 아이가 좋아하는 책을 자연스럽게 읽게 하되 흥미를 보이는 책은 사주자. 부모가 아이의 관심사를 고려하지 않은 채 무작정 책을 골라오고 일방적으로 읽으라고 한다면 아이는 오히려 독서에 흥미를 잃을 수 있다. 이런 습관은 초등학교 시절에 들이는 것이 바람직하다.

초등학교 시절에는 주로 동화나 어린이용 역사책, 위인전, 학습효과가 있는 만화를 읽게 했다. 고학년, 중학생이 되면서부터는 《삼국지》, 《로마인 이야기》 같은 역사소설, 판타지 소설책도 사주었다. 〈과학동아〉, 〈과학소년〉 같은 잡지는 아이가 흥미를 보였기에 정기구독을 했다.

그런데 독서교육에서 중요한 것이 한 가지 있다. 바로 책을 읽는 데 만족해서는 안 된다는 것이다. 그것을 자신의 지식으로 온전히 만들려면 책 읽은 다음에 독후감을 쓰게 해야 한다. 독후감이라고 해서 거창한 것이 아니라 일기에 자신의 소감이나 주요내용을 적도록 하면 된다. 머릿속에서 읽은 내용을 다시 재구성하는 시간을 가져야만 나중에 언제 어디서든 필요할 때 꺼내어 쓸 수 있다. 아이들 중에 간혹 읽은 책의 내용을 물어보면 묵묵부답인 경우가 있다. 그런 독서는 무용지물이다.

●●● 6학년 7월13일(월) 《무지개 선 언덕》을 읽고

이 이야기는 선생님이 학생을 사랑하는 마음을 잘 나타내주었다. 이야기를 읽고 우리 담임선생님께서 김연준을 걱정하는 마음이 아닐까 하고 생각되었다.

한 선생님의 반 오윤식이라는 아이는 결석이 잦았다. 지난번엔 절대로 결석하지 않겠다고 약속을 받음에도 불구하고 사흘이나 결석

하여 이를 괘씸하게 여기고 따졌다. 그러나 한 선생님은 알게 되었
다. 단순히 제멋대로 결석하는 아이가 아니라고. 어머니는 서울에
계시고 아버지는 대구에서 장사를 하셔서 할아버지와 단 둘이 사는
불쌍한 아이라는 것을 알게 되었다. 여기서도 나는 큰 감동이랄까?
교훈이랄까? 하는 느낌을 받았다. 나는 부모님 없이는 하룻밤도 지
내기가 힘들다. 윤식이가 아주 불쌍했다. 그런데 5학년 때, 윤식의
담임이었던 김 선생님이 속수무책이라며 내버려 두는 것이 제일이
라고 했을 땐, 선생님이 맞는지 의문이 들 정도였다.

순옥이는 윤식이를 잘 알고 있었다. 윤식이는 곧잘 정거장에서 부
모님을 기다리거나 자기가 만든 동요를 부르기도 하는데 가사가
모두 외로움을 나타내고 있었다. 그런데 집에 가보니 윤식이가 나
무 위에 있었다. 선생님이 무서워 더 위로 올라갔다. 선생님은 눈
물을 흘리며 내려오라고 하였다. 비가 내렸다. 윤식이는 선생님
품에 안겼다. 어느새 소나기가 멈추고 언덕 위 무지개가 흐뭇하게
솟아났다. 감동적이었다. 나는 이 대목을 얼마나 읽고 또 읽었는
지 모른다. 무엇보다도 '썩어가는 뿌리를 안 썩게 해주는 것이 안
썩는 나무보다 중요하다고 생각했다' 는 부분이 마음에 들었다. 썩
어가는 뿌리는 내버려두는 것이 낫다는 김 선생님의 말을 뿌리치
고 사랑의 품으로 안은 선생님의 사랑은 잊지 못할 것이다.

● 영어1 – 적절한 시기와 계기 찾기

그 당시만 해도 초등학교에서 영어를 가르치지 않았으므로 영
어가 그다지 중요하지 않다고 여길 수도 있었지만 나는 재형이가

영어를 잘하기를 바랐다. 누구나 다 아는 얘기지만 앞으로 세상은 점점 좁아질 것이고 영어는 세계 공통어가 아닌가? 세계 무대에서 당당하게 자신이 원하는 것을 성취하기 위해서는 영어에 남다른 관심이 필요하다고 생각했다. 또한 많은 지식이 영어로 축적되어 있으므로 지식을 취하기 위해서도 영어는 필수적이었다. 그리고 다른 아이들이 갖지 않은 특기 하나면 앞으로 큰 도움이 될 것이라는 생각과 나의 학창시절을 돌아보며 아쉬움 반 보상심리 반으로 시작했다.

처음에는(7살 때) 그림책으로 단순한 단어만 심심풀이 삼아 보여주었다. 아이가 초등학교에 들어가면서 J교육 파닉스(Phonics : 영어를 외국어로 배우는 학생들을 위한 읽기 및 발음 학습법) 테이프를 구해 들려주었다. 그림보다 소리가 더 재미있게 느껴졌는지 아이는 지루한 줄 모르고 듣고 또 듣고 하였다. 강요하지도 않았고 그러다 말려니 했는데 똑같은 억양으로 따라 흥얼거리며 다니는 것이다. 이 정도면 본격적으로 시작할 때라 판단했다. 아이가 호기심을 가질 때가 시기상 가장 좋은 이유는 자발적 학습이 이루어질 수 있기 때문이다. 그러면 당연히 집중을 잘하게 되고 효율도 높아진다.

그렇다면 언제 영어공부를 시작하는 것이 좋을까? 나는 영어공부 시작의 적절한 시기를 알아보기 위해 여러 책을 찾아봤다. 언어를 담당하는 뇌는 따로 있으니 그 뇌가 무뎌지기 전에 어린 나이부터 시작해야 한다는 주장, 우리말을 완전히 익힌 다음 시작해야 한다는 주장이 팽팽히 맞서 있었다. 물론 모든 아이에게 천편일률적으로 적용되는 주장은 없다고 생각한다. 나는 나름대로 결론을 내렸다. 우리말이 자리 잡히지 않은 상태에서 시작해 성공했다면 그것은 특별한 경우이리라. 보통 아이들의 경우에는 우리말 쓰기가 능숙해진 다음에 시작하는 것이 바람직하다고 생각한다. 결국 영어도 의사소통을 목적으로 하는 언어이므로 모국어를 완전히 이해하면 외국어도 쉽게 이해할 수 있지 않을까?

내가 이렇게 시기에 대해 길게 말하는 것은 재형이의 능숙한 영어 실력은 바로 적절한 시기가 상당히 큰 역할을 했다고 믿기 때문이다. 우리말이 완전해진 다음 시작했고, 무엇보다 아이가 호기심을 보일 때 시작했다는 것이다. 그러니 딱 집어서 몇 살이 좋다고 말하는 것은 무의미하다. 아이마다 언어 학습능력은 차이가 있기 때문이다. 5살이라도 우리말에 능숙하고 호기심을 보이면 시작하는 것이고, 10살이라도 이 두 가지 조건을 충족하지 못하면 뒤로 미루는 편이 낫다. 그러니 아이가 우리말에 능숙해졌다고 판단되면 영어 환경에 노출시킬 필요가 있다. 자극이 없는데 아이가 스스로 호기심을 보일 리 없지 않은가.

시기는 결정되었는데 어떻게 할 것인지가 고민이었다. 영어의 고수들이 쓴 책이란 책은 다 읽어보고 내가 실천할 수 있는 것을 찾아보았다. 화장실에 사전 놓아두기, 걸어 다니며 단어 외우기, 문법을 무시하라…. 내가 실천할 수 없는 것을 배제하고 선택한 것은 다음과 같다.

영어공부 시작하기

1 파닉스 발음법

2 녹음 테이프 받아쓰기

3 동화·교과서 본문 외우기

4 직독직해 훈련

5 원서 읽기

6 선교사와의 영어 회화

7 영어일기 쓰기

8 영어 말하기 대회·경시대회 참가하기

9 교육방송 활용하기

그 다음으로 생각한 것이 '어떠한 순서로 시작할 것인가'였다. 이 모든 것을 한꺼번에 시작할 수는 없기 때문이다. 우리가 우리말을 배우는 것처럼 문자보다 소리가 먼저라고 생각하고 파닉스식 발음법을 먼저 익혔다. 우리말에도 '가갸거겨'와 같은 학습법이 있듯이 영어에도 파닉스라는 학습법이 있다. 파닉스는 원칙과 예외에 이르기까지 철자와 발음의 다양한 관계를 밝혀 스스로 읽고 쓸 수 있게 한다. 그러나 그것은 시기에 따라 조금씩 다르다고 본다. 재형이 같은 경우는 문자를 접하기 전이라 소리가 먼저겠지만 이미 중학생이거나 문자를 익힌 다음이라면 별로 효과적이 않을 수 있다.

영어공부의 핵심은 반복이다. 나는 언제나 아이에게 아침 공부가 중요하다고 말했다. 15분 정도 소요되는 분량으로 교재를 분리하여 아침식사 후 학교가기 전까지 짧게 공부하게 했다. 대신 초등학교 3학년까지 집중적으로 지속했다. 12개월 분량의 교재를 모아두었다가 계속 했으니 4~5번 정도 반복했을 것이다. 때로는 아래층 친구도 학교 가기 위해 우리 집에 들르면서 한동안 같이 공부한 적도 있다.

어떤 사람들은 내가 너무 많이 반복시켰다고 할지 모르겠으나 기초를 쌓는 데 지나침이란 없다. 우리말도 아닌데 그 정도는 기본이지 않을까? 그리고 영어만큼 발음이 불규칙하고 예외가 많은 언어는 드물지 않은가? 특별한 발음은 그때그때 반복해서 익히는 수밖에 없다. 그렇기에 기본에 더욱 충실해야 한다. 그러고 나면 높은 수준의 책도 뜻은 모르지만 거의 읽을 수 있다. 자음, 장모음, 모음 이중자, 자음 이중자 등을 완벽하게 이해하게 된다. 이렇듯 파닉스, 영어를 어떻게 읽는지를 깨달았으면 듣기, 읽기, 말하기, 쓰기 단계로 진행하면 된다.

● 영어2 - 고통스럽지만 중요한 받아쓰기

영어공부 중 가장 어렵고 지루했던 게 듣기였는데 나의 학창시절과 같은 방식은 싫었다. 말은커녕 알아듣지도 못하는 죽은 영어에서 우리아이는 자유로워야 한다고 생각했다. 그래서 내가 가장 많이 할애한 것이 듣기 공부였다. 아침저녁으로 영어 테이프를 들었는데 30분 정도 길이의 영어 테이프를 머리맡에 두고 아침이면 자명종 대신 사용했다. 나는 아침마다 일어나라는 말 대신 테이프를 재생시켰다. 저녁에는 잠자리에 누우면서 녹음기를 틀어놓아 듣다가 스르르 잠이 들게 했다.

듣기만큼은 요령도 비법도 없는 것 같다. 단순무식한 방법이라 시간이 많이 걸리기는 하지만 이것만큼 확실한 것이 있을까? 그것은 바로 받아쓰기인데, 받아쓰기를 하면서 들어야 하는 이유는 다음과 같다. 첫째, 집중력이 생긴다. 당신도 영어 테이프를 듣겠다고 귀를 쫑긋 세워보라. 아마 10분을 넘기기가 어려우리라. 딴생각을 하다보면 단어를 놓치기 예사고 그러면 무슨 말인지 알아듣지 못하게 된다. "아! 내가 왜 이러지?" 하고 자신을 책망할 것이다. 그러지 말고 받아쓰기를 해보라. 신기하게도 테이프가 끝날 때까지 집중하고 있는 자신을 발견할 수 있다.

둘째, 자신이 들은 문장 중에서 어떤 부분을 놓치는지 알 수 있다. 받아쓰기를 해보면 틀리는 부분만 틀리는데, 이것은 자신이 약한 부분이므로 다음번에 더 신경 써서 들어야 한다. 재형이 같은 경우는 정관사(the), 부정 관사(a/an)를 놓치는 경우가 많았고 서너 개 단어로 된 구절은 마치 한 단어 같이 들리므로 자주 틀리곤 했다.

셋째, 발전과정을 본인이 느낄 수 있다. 나는 받아쓰기 한 노트를 모아두었는데 아이가 뭔가 지루하거나 늘지 않는다고 느낄 때 몇 개월 전 노트를 펼쳐보게 했다. 그러면 분명 달라진 것을 느낄 수 있다. 노력했으니 발전이 있는 것은 당연한데도 막상 눈으로 확인하고 나면 새로운 힘이 생긴다. 모아놓은 받아쓰기 노트가 학습효과를 검증하는 데 중요한 역할을 한다는 얘기는 앞에서 언급했다.

그런데 재형이에게 맞는 받아쓰기용 테이프를 찾기가 쉽지 않았다. 대부분의 테이프가 문장 간에 간격을 두지 않아서 한 문장을 들은 다음 아무리 재빨리 정지시켜도 그 다음 문장이 조금씩 맞물리는 것이었다. 그때마다 다시 앞부분으로 조금 당겨놓아야 해서 불편했다. 요즘은 받아쓰기 전용 테이프가 있어서 그것을 이용하면 좋을 것이다. 처음에는 짧은 문장으로 구성되어 있고 한 문장마다 받아쓸 시간적 여유가 있는 테이프이면 된다. 거기에다 우리말 해석이 들어가면 더 좋다. 먼저 머릿속으로 한번 그려보고 영어 문장을 들음으로써 단어를 예상할 수 있으면서 자연스레 말하기 공부도 되기 때문이다. 그래서 나는 회화용 교재 테이프를 이용하였다.

테이프를 듣고 아이가 받아쓰기를 마치면 빨간색 펜으로 빠진 부분이나 틀린 것을 고쳐 써주었다. 내가 원했던 것은 문장을 다 외워서 쓰는 것이 아니었다. 뜻은 몰라도 좋으니 그냥 들리는 대로 쓰라는 것이었다. 처음은 그렇게 하고 내가 원문과 비교해 수정한 부분을 본 다음 수정한 부분에 주의를 기울여 다시 듣고, 마지막으로 문장의 뜻을 이해하도록 했다. 그렇게 해도 들리지 않는 부분이 있을 것이다. 주로 연음에 의해 발음이 약해진 것이니 그냥 반복하여 익히는 수밖에 없다.

그러나 많은 아이들이 듣기 공부에 실패한다. 영어의 듣기 훈

런이 실패하는 원인은 다음과 같다. 첫째, 너무 어려운 교재를 선택했을 때이다. 어디까지나 듣기 훈련이므로 짧고 쉬운 문장을 선택 한다. 둘째, 너무 오랫동안 한다. 어느 날 마음먹고 한 시간 이상 하는 일이 없도록 하자. 받아쓰기 작업은 엄청난 집중력을 요하므로 뇌 또한 쉽게 지친다. 초등학생인 재형이의 경우는 30분을 넘기지 않았다.

셋째, 너무 진도를 빨리 나가지 않도록 한다. 똑같은 것을 반복하다 보면 다음 단계의 내용이 궁금해질 것이다. 그래서 대충 넘어가는 경우가 생기는데 이렇게 하면 효과가 없다. 뇌가 그 소리를 인식해야 하므로 다 들린다고 할지라도 반복할 필요가 있다. 우리가 귀를 기울이지 않고도 쉽게 들을 수 있기 위해서다. 어떤 외국인이 "지금부터 이야기합니다. 준비하고 들으세요"라고 말하겠는가. 길을 가다가도 들을 수 있으려면 서두르지 말고 차근차근히 하자. 하나 더 덧붙이자면 받아쓰기는 기초단계에서 머무르자는 것이다. 계속 더 높은 단계로 나갈 필요는 없는 듯하다. 그것으로 충분하다.

재형이는 파닉스로 이미 훈련되어 있기에 영어가 어떻게 소리나는지 알고 있었고 단어가 끊어지는 소리, 연음 되어 한 단어로 들리는 것에 유의하면서 질리도록 반복했다. 그만큼 귀가 뚫리는 데 시간이 필요했다. 어리면 어릴수록 듣기는 효과가 빨리 나타난다. 소리가 문자로 굳어지기 전에 소리 그 자체로 분간할 수 있어야 한다. 그래서 나는 가장 먼저 듣기 공부를 시켰다. 단어 개념이 전혀 없는 상태에서 시작한 받아쓰기라 문장이라고 하기보다는 알파벳의 나열에 더 가깝다고 해야 할까. 몇 년을 그렇게 하고 나니까 듣기와 발음 억양까지 습득되어 각종 영어 말하기 대회는 물론이고 토플시험에서 듣기 평가는 좋은 점수를 받았다. 이것이 바탕이 되어 미국에 가서도 수업을 바로 따라갈 수 있었다.

● 영어3 – 동화 · 교과서 본문 외우기

받아쓰기가 웬만큼 되자 문장 외우기에 들어갔다. 우연히 초등학교 3학년 때 교내 영어 말하기 대회에 나간 것이 계기가 되었는데, 초등학생이니 딱딱한 원고보다는 쉽고 재미있는 것이 없을까 생각하다 짧은 동화를 외우게 했다. 억양과 발음을 정확히 하고 완전히 외운 덕에 금상을 탈 수 있었다. 그 대회에는 외국에서 몇 년씩 살다온 아이들도 출전하여 별로 기대하지 않았다. 하지만 뜻밖의 결과로 우리에게 자신감을 심어준 대회였다.

재형이가 짧은 동화를 빨리 이해하고 재미있어 했기 때문에 그 여세를 몰아 중학교 교과서 본문 외우기에 들어갔다. 나는 지금도 가장 좋은 학습교재는 교과서라고 생각한다. 교과서는 학습자가 배울 내용을 모른다른 가정 아래 시작하기 때문에 쉬운 방식으로 이루어져 있다. 교과서이기 때문에 본문 내용은 좋은 문장과 정통 표현으로 채워질 수밖에 없다. 그리고 어느 한곳에 치우치지 않는 일반적인 내용으로 구성되어 있으니 더할 나위 없이 좋다. 무엇보다도 문장 안에 단계에 맞는 문법이 녹아 있어서 자연스레 문법까지 익힐 수 있다.

동화 · 교과서 본문 외우기

1 처음에는 뜻을 익힌다.

2 다음은 소리 내어 읽어본다.

3 전체적인 내용을 들어본다.

4 마지막으로 외운다.

중학교 1학년 교과서부터 시작하되 앞에 나오는 회화 부분은 빼고 오로지 본문만 외웠다. 처음에는 뜻을 익힌다. 그래야 외우기가 편해진다. 본문 내용은 이야기 위주로 되어 있기 때문에 우리말로 뜻의 흐름을 이해해놓으면 따라 외우기 쉽다. 그러면 이해 속도도 빨라진다. 이때 문장 속에 있는 문법도 함께 익힌다. 품사의 문장 속 역할 같은 어려운 내용은 배제하고 뜻을 이해하기 위한 문법만 이해하고 넘어가야 한다.

다음은 소리 내어 읽어본다. 영어는 모음의 발음이 매우 불규칙하다. 같은 알파벳이라도 발음은 몇 가지가 된다. 거기다 악센트가 있는 경우는 좀 길고 크게 소리 나고, 악센트가 없는 경우는 약화되어 우리말 '어' 같은 짧은 소리만 난다. 그러니 악센트 공부도 병행해야 제대로 된 발음을 익힐 수 있다. 주로 사전을 이용하여 음절의 수를 익힌다. 요즘 사전을 보면 단어의 음절이 표시되어 있다. 대체로 음절은 모음 수와 비슷하다. 그러니 세 음절

단어를 네 음절로 읽는 실수를 범하지 않도록 주의해야 한다.

다음 단계로 전체적인 내용을 들어본다. 여기서는 리듬에 주의를 기울인다. 단어 하나하나에 악센트도 있지만 문장 전체로서도 강약과 높낮이가 있다. 강하게 들리는 단어는 주로 명사나 동사들로서 문장에서 중요한 의미를 주는 것들이고, 약하게 들리는 단어는 관사나 전치사로 문장의 뜻을 이해하는 데는 그다지 중요하지 않은 경우가 많다. 영어는 억양이 높고 낮은 부분이 있어 무슨 노랫말처럼 들리기도 하는데, 이것은 테이프를 들으면서 그대로 따라 익히는 것이 좋다. 미국인들은 우리의 어색한 발음보다도 잘못된 억양 때문에 알아듣지 못하는 경우가 많다.

이제 외우기에 들어간다. 그냥 무작정 외우기보다 직독직해로 뜻을 생각하고 이야기의 흐름을 생각해야 한다. '직독직해' 란 한 문장을 다 듣고 문장구조를 생각하며 우리말로 해석하는 것이 아니다. 몇 개의 단어로 이루어진 구 단위로 끊어서 읽으면서 영어의 어순대로 바로 이해해나가는 것이다. 이는 원어민이 말할 때 우리가 놓치지 않고 들을 수 있도록 도와준다. 또 생각하면서 동시에 영어로 말을 할 수 있게 된다.

I arrived / at Incheon Airport at night / and took a taxi / to go to the hotel.
···→ 나는 도착했다 / 인천공항에 밤에 / 그리고 택시를 탔다 / 호텔로 가기 위해.

The taxi driver drove / the car too fast. I was so
scared / that I couldn't open / my eyes.
⋯▸ 택시 기사는 운전했다 / 차를 무지 빨리. / 나는 너무 무서워서
/ 뜰 수가 없었다 / 내 눈을.

Suddenly, / his cellular phone rang.
⋯▸ 갑자기 / 그의 휴대 전화가 울렸다.

He drove /the taxi / with just one hand / for the next
10 minutes.
⋯▸ 기사는 운전했다 / 차를 / 한 손으로만 / 그때부터 10분 동안이나.

I don't want / to remember / that night.
⋯▸ 나는 싫다 / 생각하기 / 그날 밤을.

I feel very lucky / that I didn't have an accident.
I think / that we should care.
⋯▸ 나는 느낀다. 행운이라고 / 사고를 안 당한 것이. 나는 생각한다
/ 우리는 조심해야 한다고.

about our own / and other's safety.
⋯▸ 우리 자신과 / 다른 사람의 안전을.

●●● 중학교 2학년 영어 교과서 중에서

이렇듯 한 문장을 직독직해로 끊어 읽기를 하면서 한 과씩 외
우게 했다. 하루에 한 과씩 하니 중3 과정을 중학교 들어가기 전

에 모두 마칠 수 있었다. 아이는 본문 내용을 공부하고 자유롭게 외웠다. 소파에서 뒹굴며 하든 화장실에서 하든 책상에서 하든 크게 제약을 두지 않았다. 그리고 외웠다 싶으면 나에게 와서 낭독하기 시작한다. 잘 외워서 한 번에 통과할 때도 있었지만 다시 해야 할 경우도 많았다.

아이가 본문 내용을 다 외우고 나면 나는 격려를 아끼지 않았다. 중학 교과서는 학년이 올라갈수록 양이 많아지고 어려워졌다. 그리고 이야기 흐름을 생각하며 낭독할 수 있도록 조언했고, 중간에 조금 쉬었다 하는 융통성을 발휘하여 아이를 독려했다. 문장이 길어지면 그냥 무작정 외우는 것보다 직독직해 훈련을 반복하여 저절로 습득되도록 했다. 이 훈련은 우리 모두에게 고역이면서도 재미난 과정 중 하나였다. 손동작도 하고 표정도 지으면서 했기 때문에 웃을 일이 많았다. 본문 외우기는 듣기와 말하기를 동시에 할 수 있다는 이점이 있다. 자신의 억양이나 발음을 듣고 교정할 수도 있고 교과서다 보니 문장이 완벽하며 내신 성적도 쉽게 올릴 수 있었다. 학교 성적을 빠른 시간 내 올리고 싶은 학생에게 꼭 권하고 싶다. 분명 두 마리 토끼를 한꺼번에 잡을 수 있을 것이다.

● 영어 4 – 어휘력 늘리기

읽기와 듣기, 문장구조를 익힌 다음에는 어휘력 늘리기에 들어 갔다. 집을 지으려면 벽돌이 많이 필요하듯이 영어라는 집을 잘

짓기 위해서는 단어를 많이 알아야 한다. 나는 어휘력을 늘리기 위해 두 가지 방법을 사용했다. 책이나 잡지, 신문 등 영어 문장을 많이 읽어서 습득하는 방법, 주로 원서를 이용하였는데 초등학교 때는 《아기돼지 삼형제》,《미운오리새끼》등 그림이 많고 얇으며 재미있는 원서를 사서 읽다가 시간이 지나면서 점점 더 길고 내용이 많은 것으로 바꾸어갔다. 그때는 그림이 적은 문고판을 주로 읽었는데 요즘에는 우리아이 때보다 더 다양한 책들이 많다.

이러한 원서를 읽는 데는 몇 가지 원칙이 있다. 이미 우리말로 접한 적이 있는 내용의 원서를 선택하는 것이다. 이러한 어린이용 원서는 내용을 줄이기 위해 생략된 경우가 많으므로 미리 접하지 않은 내용이라면 이야기 진행상 비약으로 인해 이해하기 어려울 수도 있고 자칫 흥미를 잃을 수도 있다. 영어 동화책을 읽을 때는 단어를 일부러 찾지 않기 때문에 모르는 단어가 많이 나온다든지 내용을 유추하기 어려우면 쭉 읽어나가기 어렵다. 또한 단어를 찾다보면 영어공부로 인식되어 원래의 목적인 어휘력 늘리기와 문장 속에서 단어 의미를 파악하기가 어려워진다.

접한 적이 없는 내용이라면 뒤쪽에 우리말 해석 부분이 있는 것으로 구입해서 먼저 우리말로 내용을 숙지한 다음 영어로 읽게 한다. 주의할 점은 우리말 해석 부분과 한 문장씩 맞춰보지 않는 것이다. 전체적인 이야기 구성만 알고 추측하자는 말이다. 해석하기 어색한 곳이 많고 영어식 표현을 우리말로 바꾸기에는 어려운 점이 많으므로 그냥 표현 그대로 익혀야 한다.

또 부록으로 딸린 테이프가 있는 것으로 선택해야 한다. 내용을 다 읽고 나면 이야기로 들을 필요도 있다. 그동안 짧은 문장으로 받아쓰기까지 하면서 듣기 능력을 키워왔으므로 길게 들을 필요가 있다. 여기서 듣기는 반드시 내용을 완전히 숙지한 다음에 이루어져야 한다. 왜냐하면 적당히 익힌 내용이라면 어렵게 느껴져 집중력이 떨어지고 딴 생각을 할 수 있기 때문이다. 쉬운 내용이라면 같은 속도로 이해하며 들을 수 있다. 이러한 노력으로 미국에 와서도 어학과정은 생략하고 바로 수업에 임할 수 있었다. 조기유학을 염두에 두고 원어민 수준으로 말하기와 듣기 실력을 쌓기 원한다면 이런 방법이 큰 도움이 될 것이다.

책을 읽을 때 사전은 찾지 않고 그냥 읽어나가야 한다. 모르는 단어는 밑줄을 치고 넘어간다. 끝까지 읽고 나면 처음엔 몰랐지만 나중에 알게 될 것이다. 그리고 다시 읽는다. 두 번째 읽어서도 모르는 단어에 네모를 친다. 이러한 단어는 찾아서 뜻을 확인하고 따로 단어 카드를 만들어 외우도록 한다.

우리는 어휘력을 늘리는 다른 방법으로 단어 상자를 만들어 활용했다. 우리는 이것을 중학교 1학년 말부터 2학년 때까지 집중적으로 했는데 매일 60개의 단어를 한 페이지로 만들어 외우게 했다. 외워지지 않는 단어는 주로 추상적인 뜻으로 머릿속에 어떤 그림의 형태로 인식되기 어렵기 때문에 따로 단어 카드를 만들어주면 좋다. A4용지를 가로세로 세 번을 접어 자르면 적당한 크기로 나눌 수 있다. 그러고 나서 한 면에는 영어와 발음기호, 악센트를 표시하고 다른 면에는 우리말로 가장 대표적인 뜻을 쓴다.

영어단어 상자 활용하기

1 A4 용지를 다음과 같이 접어 자른다.

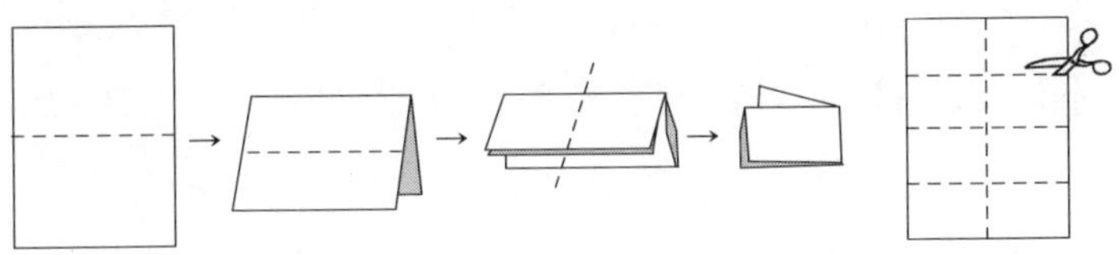

2 앞면에는 단어와 발음기호를 함께 적는다.

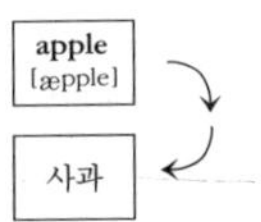

3 뒷면에는 대표적인 뜻을 써놓는다.

4 두꺼운 마분지로 상자를 만들어
(적당한 크기의 상자를 활용해도 됨)
다음과 같이 간격을 다르게 하여
칸막이를 한다.

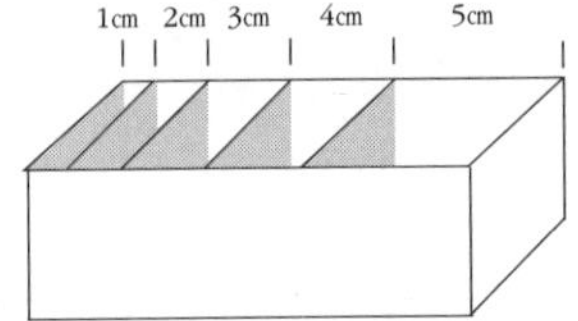

5 첫째 칸의 단어를 들고 외우다가
외워지면 둘째 칸으로 이동한다.
둘째 칸이 찬 다음 그 단어를 외워서 아는 것이면 셋째 칸으로 이
동한다. 이때 모르는 것이면 다시 첫째 칸으로 내려가 새로 시작
한다. 셋째 칸이 찬 다음 그 단어를 외우면 넷째 칸으로 이동하고
모르면 다시 첫째 칸으로 내려간다.

카드를 만든 다음에는 카드가 들어갈 수 있는 정도의 상자를 만들어 다섯 칸으로 나눈다. 첫째 칸은 1센티미터, 둘째 칸은 2센티미터, 이런 식으로 칸의 넓이를 넓혀 만든다. 단어 카드를 빼서 읽으며 단어 뜻을 말한다. 그런 다음 뒤집어서 확인하고 맞으면 둘째 칸으로 카드를 옮긴다. 그냥 확인만 하면 된다. 사전을 찾는다든지 다른 사람에게 묻지 말고 둘째 칸으로 옮긴다. 이렇게 며칠 지나면 둘째 칸이 찬다. 그러면 둘째 칸의 단어를 확인한다. 이 과정은 순식간에 이루어져야 한다. 한참 걸려 뜻이 떠오르는 단어는 모르는 단어로 간주한다. 모르는 단어는 다시 첫째 칸으로 옮기고 그때까지 알고 있는 단어는 셋째 칸으로 옮긴다. 이런 식으로 다섯 째 칸까지 가면 아무리 어려운 단어도 외워진다.

쉬운 단어는 한 번에, 어려운 단어는 다섯 번의 반복을 거치게 된다. 외운다는 것은 무척 어려운 과정이다. 지겹고 또 잘 잊어버려서 허탈하기도 하다. 그러나 단어는 외우는 것 이상의 방법이 없다. 영어는 한 단어에도 여러 가지 뜻이 있는데 어슴푸레 이해해놓으면 나중에 꺼내어 쓸 때 매우 혼란스럽다. 그리고 이 단어 외우기는 미국에 와서도 도움이 되었다. 그때는 필요 없는 단어라고 생각했던 것이 미국에서는 쓰이는 경우가 있었다. 중요한 단어, 중요하지 않은 단어는 없다. 자주 쓰이는 단어와 자주 쓰이지 않는 단어가 있을 뿐이다.

● 영어5 - 다른 사람 도움 받기

영어도 언어이기 때문에, 말하기, 읽기, 쓰기 어느 것 하나 소홀히 할 수 없다. 그 중 말하기와 쓰기는 내가 지도할 수 없는 부분이기도 해서 원어민 교사를 둔 학원을 알아보았다. 그러나 비싼 그 학원의 프로그램이 이미 상당한 실력을 쌓은 재형이에게 적합한 것인지 확신할 수 없었다. 프로그램이 쉬웠고 또 잦은 이사로 학원을 계속 다닐 수도 없어 포기했다.

그러다가 5학년 때 가까운 교회에서 선교사가 영어를 가르쳐 준다기에 한번 찾아가봤다. A, B, C 등급으로 나누어져 있어 수준에 맞는 반에 들어갈 수 있고 가족이 함께 참여할 수도 있었다. 나처럼 아이를 감독(?)하기 좋아하는 부모에게는 안성맞춤이었다. 일주일에 두 번씩 참가하여 1년이 지나자 아이는 성적이 향상되어 B, C반으로 옮길 수 있었고 나는 그냥 B반에 머물며 아이를 데리고 다니는 데 만족했다. 버스를 한 번 갈아타야 했고 주로 저녁 7시에 시작하여 9시쯤 끝나서 혼자 보내기가 조금 걱정되었다. 초등학교 6학년부터는 한 번도 빠지지 않고 3년을 꼬박 다녔으니 시간이나 내용으로 보면 제대로 학원을 다닌 거나 다름없다. 단순한 내용의 회화책을 바탕으로 하되 선교사에 따라 교재가 바뀌기도 해서 틀에 박히지 않은 실생활 영어회화를 익히는 좋은 기회가 되었다. 또 미국인과 직접 대화를 하면서 자연스럽게 원어민의 언어습관과 감각을 익히게 되었다. 그리고 미국생활에 관한 얘기도 들을 수 있었다. 한 선교사의 '예일대 예찬'이 훗날 재형이에게 자극이 되어 예일대를 꿈꾸는 계기가 되기도 했다.

나는 여기에서도 예습과 복습을 철저히 적용했다. 그냥 가서는 의미가 없다. 공짜라서 그런지 대부분의 사람들은 논다는 생각으로 오는 것 같았다. 그러나 나는 아이에게 그날 배울 내용을 미리 읽고 모르는 단어는 사전에서 찾아 포스트잇에 적어 붙이라고 했다. 내용 중 중요한 문법을 익히게 하고, 질문할 사항을 메모하도록 했다. 물론 다녀와서는 복습을 시켰다.

대부분의 사람들은 주변에 돈을 들이지 않아도 되는 방법이 있음에도 불구하고 이를 무시한다. 좋은 교재에 좋은 선생님이라도 내가 노력해서 내 것으로 만들지 않으면 아무 소용이 없는데도 사람들은 더 적중률 높은 족집게 강사를 찾아 헤맨다. 3년을 꼬박 다녔으니 선교사와도 친해지는 것은 당연했다. 중요한 것은 무엇을 하느냐가 아니라 어떻게 하느냐이다. 선교사들이 하는 무료봉사 영어강습이라 하더라도 철저하게 준비해가면 100% 효과를 얻을 수 있다고 장담한다. 학원을 비롯한 사교육에서는 결코 얻을 수 없는 기쁨이다.

● 영어6 – 작문 및 영어일기 쓰기

작문은 내가 가장 지도하기 어려운 부분이었다. 비단 나뿐만 아니라 이것은 원어민이 아니고서는 어렵지 않을까 싶다. 우리말도 '아' 다르고 '어' 다른데 내가 섣불리 수정하였다가 '콩글리쉬'가 되지 않을까 불안했다. 그리고 그때쯤에는 아이의 영어실력이 나를 뛰어 넘어 있었다. 생각 끝에 5학년 때부터 영어일기 쓰기에 들어갔다. 영어일기 쓰기는 매일 하지 않고 일주일에 두세 번 정도 했는데 이것도 꾸준히 하면 꽤 큰 도움이 된다. 모든 공부가 그렇겠지만 영어 학습에서 가장 중요한 것은 꾸준한 실천이다.

서점에 들러 영어일기 쓰기 지도법에 관한 책을 사서 몇 번 숙독한 다음 아이에게 일기를 쓰게 했다. 처음 작문을 접할 때는 문장의 어순을 익히는 것이 중요하다. 1형식으로도 멋진 문장을 만들 수 있지만 5형식을 잘 활용할 수 있도록 한다. 그리고 일기는 대부분이 과거형이므로 현재형을 쓰지 않도록 해야 한다. 또한 be동사의 쓰임을 확실히 해야 된다.

그러나 일기의 형태는 갖추었지만 아이가 쓴 문장이 제대로 쓴 것인지 알 도리가 없었다. 내가 지도해줄 수 있는 부분은 일기형식이랄까, 어법상 이상한 것을 일러주는 정도였고 실제 영어식 표현과 어떻게 다른지를 가르치기는 매우 곤란했다. 그러나 아이는 나름의 감각을 살려 영어일기를 쓴 다음 선교사에게 수업이 끝나고 그것을 내미는 방법을 택했다. 그러면 선교사는 수정해 줬는데 영어식 표현으로 바꿔주기도 하고 철자도 고쳐주었다. 우리는 이렇게 교회에서 운영하는 무료영어 프로그램 덕을 톡톡히 보았다. 처음에는 힘들었지만 하나씩 하다 보니 인정도 받고 즐기면서 하게 되었다. 바쁘고 시간이 없다는 핑계로 여러 단계를 한꺼번에 뛰어 넘을 수는 없다. 급하게 계단을 두 칸씩 올라 가다 보면 빨리 지친다. 영어실력만큼은 조금씩 매일 쌓아 올리는 게 상책이다.

● 영어7 – 영어 말하기 대회·경시대회

혼자 열심히 해서는 내 실력이 어느 정도인지 가늠할 수 없다. 남들과 비교해봐야 한다. 아들과 나는 상이 주는 달콤함을 안다. 그래서 각종 영어 말하기 대회와 경시대회에 참가했다. 우리의 목표는 대상이 아니었다. 빈손으로만 오지 않으면 남는 장사라 생각했다. 대회를 위해 특별히 들인 돈도 없으니 그야말로 밑져 봤자 본전이었다. 초등학교 3학년 때 교내 대회에서 금상을 받은 것을 시작으로 강원도 화천군 대회에서 대상을 거머쥐며 상이 주는 달콤함, 즉 대회중독증에 빠지게 되었다. 그런데 그 달콤함은 원고를 다 외워야 하는 고통을 이기게 해준다. 이것이 바로 성취감이 학습에서 차지하는 비중이다. 재형이는 이 성취감 때문에 동기부여가 된다고 말한다. 오락실에서 친구들과 맛보는 즐거움은 잠시 뿐이다. 그러나 대회에 나가서 경쟁하고 상을 몇 번 받게 되면 그것이 주는 달콤함은 계속된다. 그 생각을 떠올리면 다시 설레고 그 희열을 느끼고 싶어 두 주먹을 불끈 쥐게 된다.

영어 경시대회는 듣기, 독해, 문법, 어휘 등을 두루 평가하는 대회이다. 어느 날 갑자기 열심히 한다고 되는 것이 아니므로 꾸준히 원서 읽기로 감각을 익히는 것이 중요하다. 대회는 학습지 회사에서 해마다 전국 규모로 열기도 하고 대학이 주최하는 경우도 있다. 많은 대회가 있지만 두 개 정도 선택하여 해마다 보았다. 성균관대 경시대회를 중심으로 준비했는데 당시에는 공신력이 있는 것으로 판단되었고 많은 학생이 참가하였다.

재형이는 처음 참가했을 때 장려상을 받았고 다음해에는 동상을 받아 점점 발전하는 모습을 보여줬다. 시험을 치고 나면 우리 아이가 전체 지원자 중에서 몇 퍼센트 안에 있는지 알 수 있고 그것도 각 영역별로 세분화되어 있다. 재형이는 듣기에서는 월등하였지만 어휘 부분에서 좀 떨어졌다. 대회에 참가해서 수상을 하면 더할 나위 없이 좋지만 자신이 어느 정도 실력인지 가늠할 수 있다는 데 의의를 둬야 한다. 즉 지나친 자만심에 빠지지 않도록 도와주고 자신이 취약한 부분이 어디인지 알려준다. 그럼으로써 균형 있는 영어실력을 갖출 수 있다.

영어 말하기 대회를 준비하려면 대체로 출전자가 원고 준비를 해야 하는 경우가 많다. 저학년이라면 원고 내용은 그다지 중요하지 않고 표현력이나 원고의 소화 정도를 측정하니 재미있는 내용으로 된 동화면 충분하다. 아이와 잘 어울리는 내용으로 선정하여 딱딱하게 그냥 서서 읽는 일이 없도록 적절하게 손동작이나 이야기의 강약, 감정 등을 표현하도록 지도한다. 고학년인 경우

원고를 직접 작성해야 하는데, 주변에서 일어난 재미난 소재를 바탕으로 이야기를 꾸미는 것이 좋다. 우리는 그때 시간의 중요성에 대한 내용을 가지고 나갔는데 주제가 무겁다는 평을 받으며 2등으로 밀려났다. 그때 1등을 한 아이의 소재는 개구쟁이 동생에 대한 것으로 내가 들어도 참신한 내용이었다.

중학생이 되면 원고도 길어야 하고 내용에 대한 평가 비중도 높아진다. 따라서 원고 내용에 많은 정성을 쏟아야 하는데 먼저 전하고자 하는 메시지가 있어야 한다. 자신이 직접 겪은 일과 교훈적인 이야기도 섞어서 원고를 작성하는 것이 좋다. 이때쯤 되면 원어민이 심사위원으로 참가하므로 제대로 된 영어식 표현을 하고 있는지 꼼꼼히 따져보아야 한다. 전문가의 점검을 미리 받는 것도 괜찮다.

말하기 대회 준비는 원고 선정과 연습 과정에 많은 시간과 노력이 투자되어야 하지만 끝나고 나면 부쩍 실력이 느는 것을 알 수 있다. 나는 이것을 영어가 서툰 학생들에게 적용해보았다. 강원도에 잠시 살 때 방과 후에 다른 아이들을 지도해본 적이 있다. 우리아이가 다니던 학교 교장선생님의 요청이 있기도 했지만 산골 아이들에게도 영어를 접해볼 수 있는 기회를 주고자 일주일에 두 번 정도 지도했다. 1년을 마무리할 무렵 나와 아이들은 모두 그동안의 효과를 한번 검증해보고 싶었다. 그래서 영어 말하기 대회를 열자고 교장선생님께 요청했고 교내 전체 행사로 일정을 잡았다. 당시 산골 학부형에게 원고를 부탁할 처지가 아니어서 짧은 동화로 된 이야기책을 사서 학년별로 나누어주며 연습을 시켰다.

수업 중에는 장난만 치고 무관심하여 나의 애간장을 태우던 녀석들이 대회 당일 나의 기대를 넘어선 활약을 펼쳤다. 눈물이 날 뻔했다. 교장선생님도 만족해하고 아이들도 자신감을 찾은 것 같았다. 무엇보다 내가 아이들의 성장을 직접 눈으로 확인할 수 있어서 좋았다. 재형이야 늘 가까이 두고 지도하니까 변화를 잘 알 수 없었는데 다른 아이들의 발전한 모습을 보니 무척 뿌듯했다. 말하기 대회는 아이들의 자신감을 키워주며 그들을 더욱 성장하게 만든다.

말하기는 스킬이다. 학습하는 것이 아니라 습득하는 것이다. 그러므로 많은 연습이 필요하다. 상황에 맞는 표정이나 제스처는 실제 외국인과 대화할 때 어색함을 없애준다. 미국 수업에는 토론이 많으므로 말 잘하는 스킬을 연습할 필요가 있다. 머릿속에 있는 생각을 말로 정리하는 능력, 남을 설득하는 능력, 여러 사람의 합의를 이끌어내는 능력을 기르기 위함이다. 영어로 말하는 데는 용기가 필요한데, 재형이는 말하기 대회를 통해 많은 사람들 앞에서 말하는 훈련을 했기 때문에 큰 도움이 되었다.

발표력, 표현력은 학습에서 매우 중요한 부분을 차지한다. 혼자서 책만 죽어라 보는 아이들은 커뮤니케이션 능력이 떨어지고 나중에 사회에 나가서도 조직 내 리더십을 발휘하기 힘들다. 혼자서 공부하는 힘을 길러야 한다고 해서 공부방에 가둬두면 안 된다. 특히 세계 속에서 서양인들과 영어로 경쟁하기를 원한다면 영어 말하기 대회에 적극적으로 참여하라고 말하고 싶다. 다른 사람들 앞에서 자신의 주장을 명료하고 간결하게 영어로 전달할 줄 알아야 미국의 고등학교와 대학에서도 인정받을 수 있다.

CHAPTER 03

중학교 2학년 아들과 미국으로 떠나다

● 스스로 선택한 기러기 가족

2001년 3월, 우리 가족은 중요한 결정을 했다. 나와 아들이 미국으로 유학을 가기로 결심하고 구체적인 준비 작업에 착수한 것이다. 당시 아들은 여의도 윤중 중학교 2학년이었다. 지금 돌이켜 생각해보면, 무슨 용기와 자신감이 그리 넘쳤는지 잘 모르겠다. 무식하면 용감하다고 했던가? 미국생활의 어려움을 속속들이 알았더라면 쉽사리 시도하지 못할 아름다운 도전을 2002년 1월 11일 감행했다.

나는 대한민국의 평범한 주부이자 엄마였다. 비교할 수도 없겠지만 다른 부모보다 내가 더 자식사랑이 각별하다고 말할 수는 없다. 다만 나는 다른 엄마들보다 좀더 모험심, 도전정신이 강했을 뿐이다. 주어진 조건에 적당히 만족하는 안일한 삶이 싫었을 뿐이다. 안정감이 주는 나른함에 취해 있으면 더 이상 발전은 없지 않은가? 한 단계 한 단계 나아가야만 발전을 기대할 수 있다. 결국 안주는 퇴보를 의미한다. 나무의 풍성한 열매도 내가 따려는 수고를 해야 얻을 수 있다. 그냥 생각만 하거나 구경만 해서는 결코 열매를 가질 수 없다. 열매는 언제나 나무에 올라가는 자의 몫이다. 그리고 어떤 열매를 가질 것인지는 개인의 선택에 달려 있다. 물론 그 열매를 손에 쥐었을 때 행복감은 나무에 올라가본 자만이 안다.

우리 가족의 운명을 건 도전은 순전히 나의 새로운 것에 대한 열정, 모험심과 재형이의 지적 호기심, 그리고 남편의 믿음에서 시작되었다. 즉, 재형이의 예일대 합격은 엄마인 나만의 도전이기보다는 아들의 비전, 남편의 적극적인 지지와 이해가 합쳐져 만들어낸 우리 가족 전체의 행복한 열매인 셈이다. 여기서 중요한 것은 아이가 호기심과 비전, 열정을 가지고 조기유학을 원하고 있느냐를 점검하는 일이다. 뒤에서 자세히 이야기하겠지만 조기유학이 실패하는 이유는 바로 아이의 내적 동기가 불분명하거나 존재하지 않기 때문이다.

떠나기 1년 전, 내가 아이와 함께 미국으로 조기유학을 가는 게 어떻겠느냐고 남편에게 물어보았지만 어떻게 가겠다는 구체적인 계획은 없었다. "그래? 정말 갈수 있겠어?" 남편의 반응은 의

심쩍어 하긴 했지만 호의적인 인상을 주었다. "혼자 가면 고생이 심할 텐데" 하고 말하는 것을 보니 반대할 마음은 없는 것 같았다. 좀더 자세히 알아보고 의논하기로 했다. 나로서도 꺼내기 힘든 말이었는데 든든한 지원군을 얻은 기분이었다. 남편의 반대에 부딪치면 시작부터 어려울 텐데 말이다. 남편은 훗날 이렇게 말했다. 그때까지 나와 아들이 보여준 신뢰가 바탕이 되어 선뜻 유학에 동의했노라고. 남편은 직장 성격상 지방근무를 해야 하는데 곧 고등학생이 될 아이를 데리고 갈 수 없다면 본인이 좀더 고생을 하겠다고 말이다. 남편의 이런 이해와 배려, 희생이 없었다면 우리는 결코 떠나지 못했을 것이다.

그러나 남편은 두 가지를 걱정하였다. 첫째, 미국에 친척이나 친구도 없는데 혼자서 아이를 데리고 잘 정착할 수 있겠는가? 언어나 경제면에서 어느 것 하나 안심되지 않는다고 했다. 더구나 먼 타국에서 아프기라도 하면 도와줄 사람도 없이 잘할 수 있겠느냐는 것이었다. 사실 그때까지 우리는 미국에 여행조차 간 적이 없고 친척이라고는 사돈에 팔촌도 없었다.

둘째, 아들의 사춘기를 걱정하였다. 지금까지는 별 탈 없이 부모 말에 순종하는 아이였지만 앞으로는 다를 것이라고 했다. 더구나 남자아이라서 아빠의 부재가 엄마에 대한 무시로 이어진다면 공부고 뭐고 아이의 인생을 망칠 것이라는 염려였다. 그동안 우리 부부는 한목소리로 아이를 지도해왔는데 한 축을 잃음으로써 흔들릴 수 있다. 게다가 외국에 가면 엄마의 위치가 더욱 위축되고 아이를 제어할 수 없지 않을까 하는 걱정이었다.

이 두 가지 면에서 남편을 안심시켜야 했다. 나는 이렇게 생각했다. 처음부터 다른 사람의 도움을 빌리지 않겠다고. 고생스럽더라도 혼자서 해결하는 것이 빠르게 정착하는 방법이고 또한 아이 스스로 굳건해진다고 믿었다. 남에게 의지하다 보면 자생력을 잃기 마련이다. 어차피 고생하기로 작정한 이상 혼자서 해결해가면 그에 따르는 재미도 있을 거라 확신했다. 쉽게 얻은 것은 쉽게 잃지 않던가? 내가 재형이에게 바랐던 것도 이것이다. 고생해서 자기 인생을 개척하는 것, 그래서 당당하게 홀로 서는 것. 도전이 없다면, 고통이 없다면 진정한 성장 또한 있을 수 없다는 것. 나는 각오가 되어 있었다. 실패는 할지 몰라도 절대로 후회하지 않을 거라는…. 실패는 부끄러운 일이 아니다. 실패가 두려워 시도하지 않았음을 부끄러워해야 한다. 그리고 세상은 실패를 두려워하지 않는 사람에 의해 진보한다! 실패를 두려워하는 사람의 미래는 뻔하다. 그렇고 그런 평범한 삶을 살 뿐이다.

아들의 사춘기를 어떻게 잘 지도할 거냐며 남편은 이렇게 말했다. "남자는 고등학생 정도 되어서 머리가 굵어지면 엄마 말은 귓등으로 듣는 둥 마는 둥 해. 만약 엄마가 하는 잔소리에 짜증내며 재형이가 미국 가서 대들기라도 하면 어떻게 할 거야? 자신 있어?" 이 말을 듣는 순간 자신이 없어졌다. 위로 오빠가 있었지만 나이 차이가 많아 나와는 별 관계가 없고 나는 여자 형제들 사이에서 자랐다. 남자들의 세계를 모르는 것은 당연하다. 성장기의 남자 아이들이 얼마나 반항적이며 일탈을 꿈꾸는지 나는 잘 모른다.

곰곰이 며칠을 생각했다. 가슴 밑바닥에서 차오르는 게 있었다. 그것은 '믿음'이었다. 그렇다, 나는 아들에 대한 믿음이 있었다.

우리가 함께 보내온 시간이 얼마인가? 많은 것을 같이 하지 않았는가! 보통의 모자지간보다 우리는 강한 유대관계가 있었다. 내 말을 오해하지 않길 바란다. 유대관계와 아들을 얼마나 사랑하는가와는 다른 차원의 문제다. 단순한 자식사랑의 일방적 관계가 아니라 우리는 쌍방향 커뮤니케이션을 활발히 하는 사이였다. 어떤 일에서 우리아이와 나는 적극적으로 이의를 제기하고 설명하며 수긍하는, 좀 피곤한 과정을 거친다. 내가 주로 설득하는 편이지만 우리아이는 나의 주장이 이해되지 않으면 끈질기게 물고 늘어져 불만을 토로한다. 이런 논의과정을 거쳐 합의된 일에 대해 아이는 무척 잘 따른다.

아들이 나의 기대를 저버리지 않을 거라는 믿음, 그리고 무엇보다 우리는 목표가 같다. 아이는 자신의 지적 호기심을 채워줄 창조적 학습을 요구하고 있었고, 나는 재형이가 글로벌 인재로 성장해 세계를 무대로 당당히 꿈을 펼쳐가길 원했다. 우리는 동지다. 같은 길을 가는 사람끼리 티격태격할 수도 있을 것이다. 그러나 그것이 목표를 향한 긍정적인 발걸음이라면 얼마든지 환영할 일이다. 그런 아들을 생각하자 마음 깊은 곳에서 자신감이 솟았다. 당장 짧은 시간 내에 좋은 결과를 기대하지만 않는다면 반드시 기대에 부응할 거라는 확신을 갖고 있었다.

남편은 저녁 식탁에서 일장 연설을 하길 좋아했는데 주로 세상을 살면서 어떻게 해야 한다는 내용이었다. 주제는 악수를 하는 방법에서부터 인생에서 성공하는 법까지 다양했다. 우리아이는 시큰둥하게 듣는 것 같아도 부모가 무심결에 한 말까지도 항상 실천하는 모습을 보이곤 했다. 그리고 어떤 행동을 할 때 부모의 말을 먼저 떠올리며 고민하는 어른다운 구석이 있는 아이였다. 결국 아들에 대한 신뢰가 유학을 떠나기로 결심하는 데 결정적인 역할을 했다.

　오랜 고민 끝에 우리는 잠시 이별을 선택했다. 혼자 남아 외로운 생활을 해야 하는 남편이 안쓰러웠다. 15년간의 살림도구를 정리할 때는 정말 가슴이 미어지는 듯했다. 그러나 우리 가족은 각자 처한 위치에서 최선을 다하기로 약속했다. 남편은 한국에서, 나는 미국에서 서로 걱정하지 않기. 내 건강은 내가 지키고 스스로 잘 살아남는 것. 이것이 결국 상대방에게도 도움이 되리라 믿었다. 힘들어도 되도록 힘들다는 말은 하지 말자. 그것은 상대방을 더욱 힘들게 할 수도 있다는 것을 잘 알기 때문이다. 마지막으로 남편은 당부를 하나 하였다. 다른 것은 다 잃어도 괜찮지만 '건강' 을 잃고 오면 용서하지 않을 거란다. 나를 믿어주는 남편이 고마웠다. 그 말 한 마디가 나조차도 가늠하지 못하는 무모함을 용기로 바꿔주었다. 이렇게 우리는 '기러기 가족' 이 되었다. 사람들이 그다지 긍정적인 의미로 쓰지 않아 내가 좋아하지 않는 단어다. 그 말에는 왠지 모를 서글픔과 안타까움, 나약함이 배어 있어서 말이다. 나는 그 말이 무색할 정도로 보란 듯이 처음 세운 목표를 달성하고 오겠다고 다짐했다. 우리가 선택한 길을 결코 후회하지 않겠다고. 우리는 마치 도원결의(桃園結義)를 하는 유비, 관우, 장비처럼 의연했다.

● 나는 아이를 위해 희생하지 않았다

내가 5년 전 미국으로 떠날 때 많은 사람들이 '부모의 인생이 따로 있는데 아이를 위해 그렇게까지 희생할 필요가 있느냐'고 질문했다. 아이는 키워놓으면 자신의 인생을 살 것이고, 부모에 대한 보답은 기대하지 않는 것이 좋으며, 결국에 남는 것은 부부라는 말도 덧붙이곤 했다. 자식에게 모든 것을 줄 필요가 없다는 것이다. 또 사람들은 은근히 가정이 깨질 수도 있다는 암시를 주기도 했다. 주변에 누가 그랬다더라 식의 사례를 들어가며 부정적인 면을 부각하며 나의 미국행을 막으려 했다. 부모님은 물론이고 미국에 다녀온 가까운 친구들조차도 의아해했다. 다들 나를 생각해서 한 말들일 것이다. 그리고 결코 틀린 말도 아니다.

많은 사람들이 '희생' 운운하는데 나는 결코 아들을 위해 희생하지 않았다. 미국행은 희생이 아니라 나의 긍지와 가치관에 따라 진정한 자아를 실현하는 길이었다. 혹자는 부모의 대리만족이라고 할지도 모르겠지만 나는 누구보다도 나를 사랑한다. 나는 엄마로서가 아니라 한 인간으로서 행복해지고 싶었다.

또 아이의 인생 따로 내 인생 따로 생각해본 적도 없다. 아이의 인생은 내 인생에서 일부분을 차지할 뿐이다. 나의 생활이 주로 아이의 일정에 맞추어져 있었지만 그것을 답답하다고 생각한 적은 없다. 부모로서 당연히 해야 할 일이라고 생각했다. 물론 대부분의 엄마들처럼 자식농사를 잘 짓고 싶은 욕심이 있었다. 이미 내 인생의 일부분을 차지한 아이의 성공이 빠진다면 아무리 내가 많은 것을 누린다 할지라도 그것은 반쪽짜리 성공일 것이다. 나는 혼자서 행복해지기보다 아들과 함께, 가족과 함께 행복해지길 바랐을 뿐이다. 그 이상도 그 이하도 아니다.

아무리 화려한 경력의 젊은 시절을 보냈다 할지라도 말년이 행복해야 성공한 인생이다. 말년의 성공이란 건강, 경제적인 노후 보장, 자식의 자립이라고 나는 생각한다. 말년에 자식이 자립능력을 갖지 못한다면 노년의 여유나 행복을 누릴 수 없다. 마찬가지로 자식이 행복하지 못하다면 나의 행복 또한 무의미하다. 나는 젊어서 고생한다는 마음으로 내가 할 수 있는 일을 했다.

우리가 아이를 위해 언제까지 베풀어줄 수 있을까? 생각해보았지만 자녀를 위해 애정을 쏟을 시기는 정해져 있고 그리 길지 않다. 아마 사춘기까지일 것이다. 그렇다면 아이에게 무엇을 베풀어줄 것인가? 평생 부족함이 없는 재산을 물려줄 수는 없다. 우리에겐 그럴 재산도 없고 그것은 아이의 인생을 망치는 길이라고 생각한다. 결론은 하나였다. 아이 스스로 인생의 목표를 찾도록 도와주는 것, 그리고 아이에게 세상을 보는 눈과 어떤 어려움이 닥치더라도 이겨낼 힘을 길러주는 것. 두고두고 도움이 되는 지혜를 얻게 하고자 우리는 고생길을 자초했다. 어릴 때 사랑과 관심을 최대한 많이 주고 그 다음은 아이의 판단과 선택에 맡기자는 것이다.

물론 내가 희생했으니 아이에게 보답해야 한다고 요구하지도 않을 것이다. 자신의 인생을 독자적으로 이끌어 사회의 훌륭한 일꾼으로 성장한다면 그것이 보답이다. 앞으로 인생 고비 고비마다 자신이 결정하고 책임진다면 그만큼 부모가 부담을 줄일 수 있지 않겠는가. 거기에는 경제적이 독립도 포함되어 있다. 재형이는 미국에서 고등학교를 다니면서 가정교사로 용돈을 벌었다. 지금도 대학에서 실험실 조교를 하거나 인턴십을 찾아 용돈을 해결하려고 애쓴다.

그리고 나 또한 미국에서 아이의 뒷바라지만 하지 않았다. 어디서건 주어진 여건에서 내가 하고 싶은 일을 했다. 나도 역시 유학생 신분이다! 학교를 다녀야 하고, 비자를 유지하기 위해선 성적도 좋아야 하고, 무엇보다 발전과정이 있어야 한다. 언제까지고 그 자리에만 머물 수는 없다. 아이에게만 끊임없이 변화하고 성장하라고 다그칠 수 없는 노릇이다. 물론 마흔이 넘어 공부를 한다는 일은 쉽지가 않았다. 그러나 어차피 해야 할 공부라면 '즐기자'고 마음먹었다. 살아남기 위해 영어공부에 몰두했고 젊은 유학생들과 함께 진도를 맞출 수 있었다. 희생을 감수하며 택한 미국행인데 아이 공부에만 만족한다면 너무 비싼 대가를 치르는 것이 아닌가. 나도 빈손으로 돌아오기는 싫었다. 그래서 나만의 공부를 시작했다. 제대로 된 영어공부를 시작하자. 한국에서 한 대학교의 교육대학원 영어교육과를 선택하여 공부했지만 그것으로는 부족하다고 느끼고 있었다. 미국에서 영어를 본격적으로 공부한 다음 기회가 된다면 한국으로 돌아가 번역 공부를 하고 싶었다.

그런 나에게 공부는 잡념을 없애줄 좋은 수단이 되었다. 시간에 쫓기다 보니 한국 생각, 남편 생각, 외로움도 이겨낼 수 있었다. 생각에 따라 어떠한 환경도 내가 유리한 입장으로 바꿔놓으면 된다. 공부하기에 이보다 더 좋은 환경은 없다. 시간은 많고 방해하는 친구는 물론 돈도 없어서 나가지 못했다! 어쩔 수 없이 한 영어 공부가 전공이 되었고 이제는 나의 재산이 되었다. 조금만 생각을 달리 하면 아이의 유학을 핑계로 나 또한 유학을 한 셈이다. 나는 막연하게나마 젊은 날 동경했던 유학의 꿈도 이루었고 생각을 행동으로 옮긴 행복한 사람이지 않은가?

아이를 위한답시고 시작한 일에서 나는 많은 것들을 덤으로 얻었다. 역마살이 심한 나에게 외국여행의 기회도 주어졌다. 주로 미국과 캐나다였지만 구석구석 구경하고 체험하고 즐길 수 있었다. 평범한 주부보다 몇 배는 더 다채롭게 산 셈이다. 게다가 이 나이에 유학생 생활을 한다는 것은 큰 혜택이다. 또 주위에서는 내가 너무 고생한다고 이런저런 도움을 많이 주었다. 그런데 어찌 내가 아이를 위해 희생했다고만 할 수 있겠는가? 이렇게 덤으로 얻는 것이 많은데도 말이다.

● 왜 유학을 결심하게 되었는가?

아이에게 어릴 적부터 영어를 가르치며 막연하게나마 유학에 대한 생각은 늘 하고 있었다. 그러나 어느 날 시기를 앞당기게 된 사건이 일어났다. 중학교 1학년 1학기를 마친 여름방학, 아이가 갑자기 학교를 가지 않겠다고 폭탄선언을 했다. 학교수업이 재미없다는 것이었다. 교과서는 집에서 읽으면 되는데 수업시간에 반 전체가 읽고, 이어서 책에 있는 내용을 선생님이 칠판에 적고, 그 것을 노트에 옮겨 적어야 하는 것이 싫다고 했다. 같은 내용을 반복해서 읽고 쓰고 하니 지루해할 만도 했다. 재형이는 가정이나 사회 과목을 유난히 싫어했는데 모두 이런 식으로 수업이 진행된다는 것이다. 검정고시로 중학교 과정을 마치겠다는 아이를 설득하여 계속 학교를 보냈지만 뭔가 변화가 필요하다는 생각을 했다.

다행이도 그날 이후 아이는 잘 적응하여 중학교 2학년 때는 반장도 하며 친구들과 즐겁게 지내 그 일을 잊을 수 있었다. 하지만 그 사건이 나에게는 반성하는 계기가 되었다. 나는 짧은 교직 경험이 있다. 그동안 기간제 교사를 하면서, 나도 그러한 교사였기에 당혹스러웠다. 그때 나도 우리아이가 끔찍이 싫어하는 수업방식을 아무 생각 없이 따랐다. '칠판에 필기하면서 한 20분 때워야지' 하는 생각을 했고 교육부에서 내려온 교육지침서, 교과서, 참고서 등을 적당히 짜깁기해 필기하곤 했다. 그러면 20분 정도는 금방 지나갔다. 지금 생각해보면 참 부끄럽다. '선생님은 교과서 외에 새로운 내용을 첨가해서 뭔가 다른 것을 가르쳐야 한다' 는 아이의 말이 나의 양심을 찔렀다. 아이들의 능력이 다 같지가 않아서 교과서 내용을 쉽게 다시 풀어서 하는 것이라고 말했지만 아이에게는 변명처럼 들렸으리라. 일방통행식 수업, 수준별 차이를 고려하지 않는 평등교육의 맹점을 덮어버리기에는 구차한 변명이었다.

그래! 변화가 필요하다. 우리아이에게 맞는 교육, 지적 호기심을 채워줄 수 있는 교육이 필요하다. 사실 나는 우리나라 교육제도에 별 불만은 없었다. 아이도 잘 적응하여 좋은 성적을 유지하고 있었고 새로 도입된 수행평가도 평소에 준비를 잘해놓으면 결과도 기대 이상이었다. 무엇보다 공부방식이나 시험유형이 나의 학창시절과 크게 다르지 않아서 아이를 지도하기에도 어려움이 없었다.

하지만 나는 욕심을 좀더 내보기로 했다. 여기서 안주하면 발전이 없다. 앞으로 세계는 점점 더 좁아질 것이고 재형이가 세계의 아이들과 경쟁해야 할 날이 올 것이다. 지금은 안일함에 젖어 있을 때가 아니다. 우리와는 분명 다른 시대를 살아가야 할 아이에게 좀더 선택의 폭을 넓혀주고 싶었다. 부모세대가 모르는 '미지의 세계'를 아이에게 보여주고 싶었다. 그래! 우리나라 밖으로 눈을 돌려보자. 기왕이면 선진국, 그중에서도 세계를 이끌어가는 미국으로 가자. 언젠가는 쓸 영어라고 그동안 갈고 닦아놓지 않았는가?

한편으론 불안감이 도사리고 있었다. 대중매체 뿐만 아니라 주변의 가까운 사람들까지 다 기를 쓰고 말렸다. 그러다 하나 밖에 없는 아들 미국에 빼앗긴다, 부모를 내팽개치고 아이는 제 갈 길을 갈 것이다, 미국식 사고에 물들어 아이와 대화가 안 될 것이다…. 대부분 이런 말을 했었다. 또 '여자가 가더니 남자 생겨 이혼을 요구하더라', '한국의 남편이 바람났다' 등등 최악인 상황들만 나에게 귀띔하는 것이다. 그러나 그런 것은 나에게 문제가 되지 않았다. 나의 불안은 다른 데 있었다. 실패했을 경우 나와 우리 가족이 느낄 좌절감이 가장 두려웠다. 내가 선택한 것을 후회하게 될까봐. 그러면 주변의 비난 때문에 다시 일어서지 못할 수도 있다.

여러 날 생각해봐도 결론은 똑같았다. 결과에 승복할 수 있도록 열심히 하자. 목표를 이루지 못하더라도 열심히 했다면 후회하지 말자. 꼭 대단한 결과가 아니더라도 과정을 소홀히 하지 않았다면 언젠가는 반드시 고생한 결과는 돌아오기 마련이니까. 분명히 얻어오는 것이 있을 것이다. 주위 사람들의 부정적인 이야기에 귀 기울일 이유는 없다. 아무도 결과를 속단할 수는 없다.

매일 마음을 달래고 다잡았다. '나는 그러지 않을 자신이 있어!' 되뇌고 또 되뇌었다.

그런 자신감의 원천은 아이와 나 사이의 끈끈한 유대와 깊은 신뢰였다. 나에 대한 믿음과 아이에 대한 신뢰는 하루아침에 이루어진 것이 아니다. 그러므로 환경이 바뀌었다고 쉽게 흔들릴 것도 아니었다. 불혹의 나이를 넘었고 아이도 성숙하여 자기가 왜 가는지, 무엇을 위하여 이런 희생을 치르는지 알고 있기에 다른 결과는 있을 수 없는 일이다. 그렇게 마음을 먹고 나니 주변의 반대는 별로 신경 쓰이지 않았다. 이리저리 반론을 늘어놓을 필요도 없다. 결과로 보여주는 수밖에….

그러면 언제 떠날 것인가? 대학 때? 아니면 지금? 그때만 해도 교육부와 매스컴에서 '조기유학은 불법' 운운하며 부정적인 면만 부각했다. 게다가 조기유학의 성공담은 잘 들려오질 않았다. 그리고 미국의 IVY리그 대학교에 직접 학생들을 합격시킨 '특목고'가 조기유학의 대안으로 떠오르고 있었다. 특목고를 갈 것인가? 조기유학을 떠날 것인가? 그런데 특목고에 들어가기란 쉽지 않다. 특목고에서 요구하는 조건은 까다롭다. 특히 재형이처럼 학교 수업에만 충실히 해온 학생에게는 '하늘의 별따기'다. 수학 경시대회 입상 경력도 없고, 영어를 잘한다고는 하지만 외국 거주 경험도 없이 유학준비를 위해 특목고에 들어간다는 것은 힘에 겨워보였다. 무엇보다 특목고에 들어가기 위해 아이를 학원으로 내몰고 싶지 않았다.

조기유학에는 가족의 희생이 따르지만 새로운 교육환경, 선진 문화도 접하며 그들 생각과 미국의 저력을 온몸으로 느낄 수 있는 기회가 주어지기도 한다. 경찰국가임을 자처하며 세계 도처에서 전쟁을 벌이면서도 당당한 그들의 논리는 어디에서 오는가? 절반만이라도 배우고 오자는 생각을 했다. 공부는 언제나 시기가 있다. 시기를 놓쳐버리면 힘들어진다. 어느 정도 고생할 각오는 돼 있었다. 왜? 말년에 아이 때문에 걱정하지 않고 편해지고 싶어서.

나와 남편은 재형이를 독립적인 아이로 키우고 싶었다. 18세 이후 독립해야 한다는 서구식 사고방식이 아이의 인생을 위해 바람직하다고 평소 생각하고 있었다. 고등학교를 졸업하면 미국의 대부분 아이들은 부모의 둥지를 떠난다. 대학의 기숙사로 들어가고, 직장을 다니며 경제적, 정신적으로 독립한다. 20세 넘어 부모 집에 얹혀살면 창피하게 생각하는 문화가 미국에는 자리 잡혀 있다. 그러나 우리나라는 여건상 그것이 쉽지 않다. 부모들은 자녀를 끝까지 책임져야 한다는 생각으로 허리가 휠 지경이다. 대부분 자녀들의 대학졸업 후에도 결혼 전까지 자녀를 끼고 사는 캥거루족 부모들이 아닌가? 나약하고 무책임한 아이를 양산할 뿐이다. 이런 문화 속에서 우리아이만 독립적인 아이로 키우기는 어렵다.

그러나 어린 나이에 고생을 하게 되면 빨리 성숙해지고 그만큼 독립심과 책임감이 몸에 밴다. 우리가 정작 아이들에게 선물해야 할 것은 과잉보호나 억만금의 재산, 집이 아니라 20세 이후 스스로 인생을 개척할 수 있는 능력이다. 그런데 한국 부모들은 이 점에 있어서 너무나 무지하다. 20세 전후 아이 혼자 자기 인생을 개척해야 한다. 그러니 조기유학은 꼭 공부가 아니더라도 인생에 값진 경험이 되리라. 시기는 결정되었다. 1년 뒤다!

● 과연 우리는 유학을 떠날 자격이 있는가?

　무작정 떠난 유학은 낭패를 보기 십상이다. TV나 신문에 간혹 오르내리는 조기유학의 실패는 무엇 때문일까? 첫째, 바로 유학을 떠날 자격을 갖추었는지 제대로 검증하지 않았기 때문이다. 즉 유학생활에 필요한 준비를 소홀히 했거나 의욕만 앞서 자신과 자녀를 제대로 돌아보지 않은 경우다. 둘째, 아이의 의사와 무관하게 부모의 뜻대로 진행했기 때문이다. 유학을 떠나기로 결심했다면 반드시 다음 사항을 점검해봐야 한다.

아이의 자격 따져보기

1　**외국어능력** : 높으면 높을수록 좋다. 언제 유학 가느냐에 따라 달라지겠지만 고등학교를 생각한다면 토플 PBT 기준으로 500점(재형이는 520점) 정도면 시도해볼 만하다. 영어실력은 현지 적응시간을 단축시킨다. 부족한 영어실력은 외톨이가 되거나 주변의 나쁜 아이들과 어울리는 데 큰 원인이 된다.

2　**목표** : 목표는 열정과 연결된다. 목표가 없으면 쉽게 지치고 방황할 위험이 높아진다. 물론 우리는 예일대 같은 IVY리그 대학을 염두에 두진 않았다. 하지만 의학을 공부하여 세계적인 신경외과 의사가 되겠다는 목표가 있었다.

3 **성격** : 뚝심이 있어야 한다. 내향적이든 외향적이든 주변 환경에
민감한 아이는 스트레스를 많이 받고 집중할 수 없다.

4 **특기** : 운동이면 더욱 좋고 아니면 노래, 그림, 악기 중 하나는 즐길
줄 알아야 한다. 그러면 친구 사귀기도 쉽고 선생님도 좋아한다.

　　조기유학을 떠나기 위해서는 무엇보다도 언어문제가 해결되어
야 한다. 영어가 원활하지 못하면 적응하는 데 그만큼 시간이 오
래 걸리고 시행착오도 많아진다. 나는 미국으로 떠나기 전 아이
의 불안감도 달래고 영어에 대한 자신감도 길러줄 겸 외국인 가
정을 초대하기로 마음먹었다. 그래서 '홀트아동복지회'에서 매
년 개최하는 '해외입양아가족 한국초청 프로그램'에 참여를 신
청했다. 입양한 지 10년이 넘은 아이를 대상으로 하는데, 제주도,
경주, 서울 등 태어난 곳과 입양 전 살던 보육원도 둘러보면서 그
들에게 한국적 정서를 경험토록 하는 프로그램이다. 자신의 뿌리
에 대하여 생각해볼 수 있는 기회를 제공한다는 취지가 마음에
들어 한 입양아 가족을 우리 집에 초대하기로 했다.

　　아이와 남편이 호텔로 가족을 데리러 가고 나는 저녁식사 준비
를 했다. 50대 중반의 그 미국인 가족은 두 자녀가 있음에도 불구
하고 두 아이를 입양했다. 모두 한국 아이를 입양했는데, 우리 집
에는 그중 엄마와 큰 아들, 입양된 남자아이가 오게 되었다. 나는
입양된 아이의 한쪽 손이 없다는 사실에 무척 놀랐다. 그런데도
그 아이는 반듯하게 잘 자라 있었다. 신체적 불편함에도 불구하
고 다른 사람의 도움을 받지 않았다. 무엇보다 가족에겐 그를 거

들어줄 생각이 없어 보였다. 그냥 그렇게 한손 없이 식사하는 것이 당연한 것처럼. 장애인에 대하여 아무 편견 없이 있는 그대로 바라보고 대우함으로써 장애인 당사자가 당당하게 사회의 일원으로 생활하도록 도와주는 것에 깊은 감명을 받았다.

우리는 함께 저녁을 먹고 공원을 산책하면서 대화를 나누었다. 나와 남편은 영어에 관한 한 재형이가 우리 집에서 제일 낫다는 것을 강조하면서 모든 대화를 아이가 이끌게 했다. 즉 영어에 대한 자신감을 갖는 좋은 기회로 활용한 것이다. 아이도 외국인 가족과 식사하고 산책하면서 직접 상대하는 데 자신이 부족함이 별로 없다는 것을 체험하게 되었다. 이 일이 있은 지 얼마 후 아이는 미국에서도 잘할 수 있다는 자신감을 내비쳤다.

영어실력 이외에도 책임감, 자립심 등이 필요하다. 숙제를 비롯한 학업 등 모든 문제는 스스로 해결해야 하므로 책임감과 자립심이 없다면 결코 경쟁에서 살아남을 수 없다. 또 일의 우선순위를 매기고 정해진 시간 안에 실행하는 능력도 필요하다. 어느 것 하나 소홀히 여길 수 없다. 그리고 이런 능력을 갖추기 위해선 몇 년 이상의 끈질김이 요구된다. 미국 조기유학을 꿈꾸고 있다면 '한번 해볼까?' 하는 생각은 금물이다. 참고로 영어 자체만을 위한 유학이라면 다른 나라를 권하고 싶다. 미국은 유학비용이 다른 나라의 두 배에 육박하기 때문이다.

이제 아이 뿐만 아니라 부모도 유학을 떠나려면 아래와 같은 사항들을 점검해봐야 한다. 공부하는 당사자가 아이이므로 아이만 준비하면 되겠지 하는 안일한 생각을 버려야 한다. 앞으로 계속 강조하겠지만 아이 혼자 알아서 잘하리라 믿고 방치해서는 결코 원하는 결과를 얻을 수 없다. 같이 떠나는 엄마가 이것저것 꼼꼼히 챙겨야만 아이에게 공부하기 좋은 환경을 만들어줄 수 있다. 무엇보다 엄마는 '엄마'로서가 아니라 '한 인간'으로서 자신의 목표와 열정이 있어야 한다. 내가 결코 아이를 위해 희생하지 않았다고 말할 수 있는 것도 이 때문이다. 한 사람의 인간으로서 자신의 목표와 열정을 함께 갖고 떠나자.

부모의 자격 따져보기

1. **외국어능력** : 중학생 정도의 영어실력에 간단한 회화 정도는 할 수 있어야 한다. 그러나 부모의 영어실력이 성패를 가르지는 않는다.

2. **목표** : 아이의 목표 뿐 아니라 자신이 미국생활에서 이루고자 하는 목표가 있어야 한다. 즉 공부, 신앙, 직장이나 취미생활을 계속할 수 있어야 한다. 쓸데없는 걱정을 잊을 무언가가 필요하다.

3. **열정** : 영어실력보다 몸으로 부딪치는 도전정신이 필요하다. 교내 학부모 모임에 적극적으로 참가할 수 있어야 한다.

4. **경제력** : 학군과 씀씀이에 따라 다르겠지만 2인 기준으로 한 달에 250 ~ 300만 원 정도가 필요하다.

5. **부부관계** : 서로에 대한 굳은 신뢰가 없다면 떠나지 마라.

6. **성격** : 심지가 굳어야 하고 혼자 많은 시간을 보낼 수 있어야 한다. 주변에 놀아줄 사람이 없으므로 외로워하지 않아야 한다.

● 유학원에 무작정 의존하지 마라

위와 같은 조건들이 갖춰져 있다고 판단되면 유학에 필요한 구체적인 정보를 찾아야 한다. 나와 아들은 유학원에 의존하지 않고 인터넷을 통하거나 직접 발로 뛰며 1년여 동안 준비했다. 세 곳의 유학원을 방문해봤는데 나의 경우와 맞지 않아서 포기했다.

첫 번째로 방문한 유학원은 나에게 먼저 어느 학교를 갈 것인지 정하고 기타 서류(주민등록등본, 재정보증서, 재정후원자의 재직증명서, 일정액이 들어 있는 은행통장 사본, 재학증명서, 성적증명서 등)를 가지고 오면 서류를 번역해서 학교 측에 보내준다고 했다. 입학허가서를 취득하는 데 일정액을 받고, 대사관에서 비자를 받기 위해 인터뷰 등을 준비해주는 조건으로 모두 70만 원을 요구했다. 당시엔 대학생 유학비자 비용이 10만 원 안팎이었는데 내가 나이가 많아 비자 받기가 어렵기 때문이라고 했다.

보통 조기유학을 가려면 학교를 어디로 정할지 몰라서 유학원을 방문한다. 즉 유학원에 가는 이유는 학교에 대한 정보를 얻기 위해서다. 그런데 학교는 내가 정해야 하고 서류 또한 내가 준비해야 하는 것이라면 굳이 돈을 들여 유학원에 갈 이유가 뭔가? 게다가 자기들이 비자를 주는 것도 아니면서 '비자 거부율'이 높다고 돈을 더 받으려는 생각만 하는 유학원이 있다니 안타까웠다. 물론 모든 유학원이 그렇지는 않을 것이다. 하지만 내가 방문한 첫 번째 유학원에 대한 신뢰감이 없어서 결국 포기했다.

또 다른 유학원은 꽤 알려져 있어서 실질적인 도움이 될까 하여 방문해보았다. 안내 데스크 직원은 접수한 다음 상담이 가능하다고 하며 원장 상담료가 시간당 10만 원이라고 말했다. 이게 도대체 무슨 소린가? 노하우가 얼마나 쌓였는지는 몰라도 상담비 명목으로 1시간에 10만 원이나 받다니! 집안 형편이 그리 넉넉하지 않은 나는 기가 찼다. 역시 조기유학은 소위 말하는 '있는 사람들'의 전유물인가? 나처럼 돈 없는 사람은 아예 꿈꾸지 말라는 무언의 압박으로 느껴졌다. 차비와 시간만 허비했다고 생각하니 무척 분했다. 돈 10만 원 때문에 말 한마디 못 들어본 것이 얼마나 억울하던지…. 괜히 아들에게 미안하기도 했다. 교육은 무엇보다 기회의 평등이 중요한데 돈이 없다는 이유로 정보조차 얻지 못하다니. 돈이 없으면 결국 정보원으로부터도 소외받는구나. 이렇게 나 자신과 보이지 않은 사회 시스템을 원망하면서 빈손으로 돌아와야 했다.

　나중에 안 사실이지만 그곳은 사립고를 전문적으로 소개하는 유학원으로 재벌이나 정치인, 교수, 졸부 등 부유층 자녀가 대상이었다. 보통 이런 유학원에서 제시하는 유학비용은 1년간 5천만 원 이상이다. 평범한 월급쟁이라면 엄두도 못낼 금액이 아닌가. 수수한 옷차림으로 찾아간 내가 문전박대 당한 것은 당연한 일인지도 모른다. 상담을 받으면서 천문학적인 비용에 입을 다물지 못하는 촌극은 미리 피할 수 있었으니 오히려 다행이라고 생각한다.

　마지막 한 군데는 여의도에서 열린 유학 박람회에 참가한 여러 유학원 중 한 곳이었다. 그 유학원에서는 프로그램을 정해놓고 아이들을 모집하고 있었다. 유학 갈 지역과 학교, 하숙집까지 모두 정해진 것이었다. 엄마와 같이 가는 것은 없냐고 물었더니 시큰둥해하며 이민국 심사에 걸려 돌아오게 될지도 모른다며 초를 친다. 이렇게 되면 입에 맞는 떡은 없다. 내가 만들어 먹는 수밖에. 당시에는 기러기 가족이 되어 조기유학을 떠나는 경우가 흔치 않았다. 대개 아이들만 혼자서 보내는 경우가 많았다. 더구나 나같이 미국에 살아본 경험(대부분 가족이 짧게 머문 경험이 있었다)도 없이 가는 사람은 드물었다.

여기서 잠깐 사립학교와 공립학교의 차이점을 간단히 살펴보자. 일단 사립학교는 개인의 등록금으로 유지되고 공립학교는 그 지역의 세금으로 운영된다는 것이 가장 큰 차이점이다. 아주 좋은 사립학교는 세계적인 수준이며 주로 동북부에 많이 있다. 대부분 기숙사 시설을 갖추고 있고 경력이 많은 입학 담당자, 실력 있는 교사진으로 구성되어 있다. 명망 있는 가문의 아이들이 주로 진학하니 아이의 미래를 생각한다면 보낼 만하다. 또 무엇보다 대학에 가서 잘 적응할 수 있는 프로그램으로 짜여 있다. 그런 이유로 우리나라에서도 직접 가는 경우가 많다. 부모가 갈 수 없다면 가장 이상적인 방법이다.

그러나 등록금만 년 3만 달러이니 기타 생활비까지 더하면 5만 달러가 훌쩍 넘는다. 그 밖의 사립학교도 있지만 공립보다 못한 경우도 많다. 하지만 아이를 혼자 유학 보내는 방법은 이것 밖에 없다. 학교 웹사이트에 들어가면 자세한 일정이 나오는데 1~2월 사이 입학신청서를 받고, 3~4월 경 합격자 발표가 나니 미리 서둘러야 한다. 입학생은 TOEFL, SSAT(Secondary Scholastic Assessment Test : 미국 사립고 입학을 위한 시험으로 영어와 수학의 학업능력을 평가), 내신성적, 에세이, 봉사활동, 클럽활동, 면접 등으로 뽑는다. 사립고는 수준이 다양하다. 물론 이런 서류 없이도 돈만 내면 다닐 수 있는 곳도 있다.

공립학교는 입학허가서를 발행할 수 없으므로 일단 아이 혼자 체류할 수 없다. 나처럼 부모가 학생비자, 문화교류, 취업비자인 경우를 제외하면 불법이다. 하지만 학교 측에서 문제 삼지 않으면 입학이 되기도 한다. 공립학교에 들어가는 절차는 간단하다. 집을 임대했다는 계약서와 성적증명서, 여권, 예방접종 기록표를 가지고 직접 가면 그날로 수업을 들을 수 있다. 좋은 공립학교는 여러 군데 흩어져 있으므로 현지 사정에 밝은 친지들에게 물어도 알 수 있다. 우리의 경우는 유학비자이므로 공립학교에 입학할 수 있었다.

나는 고민에 빠졌다. 결국 내가 스스로 찾아야 하는구나. 누군가의 도움을 받기보다 직접 부딪쳐보자. 우선 한미문화교류원에 들러 미국 학교에 대한 정보를 수집하고 인터넷을 통해 그곳 현지 사람들의 생활을 파악했다. 대사관 사이트를 통해 비자신청을 위한 서류를 준비하고 인터뷰 날짜를 잡았다. 미국에 보내야 하는 서류 등은 아이와 내가 번역해서 해결하고 안 되면 미국에 살고 있는 친구에게 전화로 물어보며 만들어갔다. 역시 현재 그곳에 유학 가 있는 사람들이 인터넷에 올린 내용이 가장 유용한 정보였다.

이렇게 준비하면 얻는 것도 많다. 첫째, 무엇보다 유학 준비에 필요한 비용을 최소화할 수 있다. 유학원을 거칠 경우, 물론 편차는 있겠지만 상당히 많은 비용이 든다. 하지만 직접 유학 갈 학교를 알아보면 최소비용 15~20만 원 정도면 충분하다. 당연히 그 절약된 돈으로 다른 것을 준비할 수 있다. 물론 이것도 돈이 넘쳐 어쩔 줄 모르는 사람에게는 그다지 중요하지 않겠지만 나처럼 평범한 주부에게는 큰 도움이 된다. 둘째, 객관적이고 다양한 정보들을 비교하여 아이에게 맞는 학교를 고를 수 있다. 스스로 정보를 찾다 보면 감이 잡혀서 아이에게 적합한 지역의 학교를 고를 수 있다. 대체로 유학원은 몇 군데 지역에 편중된 정보를 갖고 있는 경우가 많다. 유학원도 일종의 중개업이기 때문에 자신들이 원활히 정보를 얻을 수 있는 학교의 정보만 취급한다. 즉 유학원을 거치지 않으면 시간과 노력이 들긴 하지만 맞춤형 정보를 찾을 수 있다.

● 나에게 딱 맞는 유학 정보 찾기

유학에 필요한 정보를 어디서 얻을 것인가? 인터넷 사이트에 올라와 있는 내용을 가지고 기초지식을 만든다. 많이 다녀보면 감이 잡힌다. 그것을 토대로 유학원과 상담하면 유리한 위치에서 상담을 이끌 수 있다. 유학원이라고 해서 무조건 믿지 말고 검증 절차를 거친다. 되도록 공신력 있는 유학원을 고른다. 여러 경로를 통해 그 지역에 대해서 알아보자. 영어가 가능하면 해당 지역 교육청 사이트(검색어 : Board of Education, Department of Education)를 통해 정확한 정보를 얻을 수도 있다. 인종별 분포도, 대학 입학자 수, 커리큘럼, 전체 학생 수, 교사 수, 제공되는 특별활동 등이 상세히 나와 있다.

유학지(거주지) 선정 먼저 목적에 따라 달라질 수 있다. 질 높은 교육을 목표로 한다면 동북부가 적합하다. 금융, 교육의 중심지인 뉴잉글랜드 지방은 미국에 처음 건너온 청교도들의 정착지인데, 명문대들은 대체로 이 지역에 밀집돼 있다. 경쟁이 심한 반면 교육의 수준이 높다. 명문 사립고도 대부분 여기에 있다. 경제적인 측면을 고려하고 영어를 잘하기 위한 목적이라면 중남부가 좋을 듯하다. 동북부에 비해 한국인 비율이 낮고 생활비를 반 정도 절약할 수 있다. 서부지역에도 일부 우수한 학군이 있다곤 하지만 그쪽은 교사며 학생 모두가 느슨하게 수업을 한다.

학교 선정 어느 것이 좋다고 단정 지어 말할 수는 없다. 왜냐하면 대학이 한 가지 방법으로 학생을 선발하지 않기 때문이다. 우리나라 같이 내신 몇 퍼센트, 수능 몇 퍼센트로 정해져 있지 않다. 단, 명문대는 주어진 환경에서 최선을 다한 사람을 좋아한다. 시골학교에서 1등한 학생과 명문사립고에서 중상위권인 학생 중 전자를 선호한다.

IVY리그 대학은 명문 고등학교에서 많은 학생을 선발한다. 대학 입학처는 모든 고등학교의 데이터를 가지고 있어 각 학교의 수준을 이미 알고 있다. 따라서 명문대생을 많이 배출한 고등학교에서 학생을 선발하려는 것은 당연하다. 그러나 시골 학교라고 해서 IVY리그 대학 진학이 불가능한 것은 아니다. 그러니 명문대를 가기 위한 학군이나 고등학교는 없다는 얘기도 된다. 각자 알아서 판단할 일이다.

현지에서 도움을 줄 사람은 누가 있는가? 친척이나 친구가 있으면 좋지만 없다고 어려울 것은 없다. 가서 사귀면 된다. 교회 같은 커뮤니티에 참석하라. 미국인은 도움을 청할 일이 있으면 꼭 교회 식구를 찾는다. 종교적인 가르침도 얻고 서로 의지하며 돕고 살 수 있다.

기타 점검 사항 사립학교를 준비하기 위해서는 SSAT시험을 봐야 한다. 홈페이지 www.ssat.org를 방문하면 접수에서 시험 일자, 점수까지 모든 정보를 알 수 있다. 유학 준비 절차는 대략 다음과 같다.

1 먼저 원하는 학교를 선정하여 지원서와 서류를 보낸다. 보통 TOEFL, SSAT, 내신성적, 에세이, 봉사활동, 클럽활동이 포함된다.

2 면접을 보는 학교도 있고 그렇지 않은 경우도 있다.

3 입학허가서와 합격증이 오면 대사관에 인터뷰를 신청한다(재정보증 서류, 재직증명서, 현금이 든 통장 사본, 호적등본, 주민등본, 입학허가서 등 준비). 이외에 궁금한 사항은 관련도서를 참고하면 된다. 시중에는 조기유학 정보를 다룬 책이 많이 나와 있다. 나는《미리 보는 조기유학》,《엄마와 함께하는 조기유학 길라잡이》등을 참고했다.

유학에 드는 비용 계산하기 (대입까지)

1 정착비 : 자동차 구입, 보험료, 집 임대보증금, 기타 물품비 등
　　→ 2만 ~ 3만 달러

2 매달 생활비 : 집세, 식비, 자동차 유지비, 공과금 등
　　→ 2천 ~ 3천 달러×12× 햇수

3 특별비 : 여름캠프, 썸머스쿨, 항공료 등
　　→ 2만 달러 내외

● **준비 완료! 드디어 출발**

　2001년 가을에 비자가 배달되었다. 공식적인 준비가 끝난 것이다. 2001년 학교생활을 마지막으로 다음해 1월 겨울방학에 미국으로 떠나기 위해 비행기 표도 준비해뒀다. 그때만 해도 조기유학은 법적으로 문제가 있어 학교에 가서 자퇴 처리를 해야 했다. 담임선생님을 만나 뵙고 마지막 인사를 하며 아쉬워했다. 우리아이가 무척이나 따르던 젊은 선생님이셨다. 아마 그날 담임선생님이 반 친구들에게 아이의 미국행을 전한 것으로 안다. 출발하기 전까지 반 친구들에게 알리지 않았으므로 친구들과 작별인사를 나눌 기회가 없는 것을 우리아이는 아쉬워했다. 그러나 담임선생님은 따로 불러 먼 길 떠나는 아이를 다독여주었다.

　당시 남편은 지방으로 막 발령을 받아서 내려간 터라 우리가 짐 정리하는 것을 도와주지 못했다. 남편의 좁은 숙소에 짐을 가지고 있을 수가 없어서 가구며 집안 살림 모두를 처분해야 했다. 이웃들에게 나눠주고 팔아야 했다. 아이는 그 광경을 보고 '아! 내가 잘못되면 우리 집은 망하는구나!' 하고 생각했단다. 눈에 익었던 탁자, 책상, 텔레비전 같은 것들이 하나씩 실려 나가는 걸 보면서 어찌 아무런 걱정이 없었겠는가? 훗날 아들은 그때 심정을 이렇게 말했다. "더 이상 돌아갈 길이 없잖아요. 막상 떠난다고 하니 두려웠어요. 출국 날짜가 다가오면서 농담도 못하겠더라고요. 이제는 내가 잘하지 못하면 우리 집이 '망한다'는 두려움이 엄습해왔어요."

나도 아이만큼 막연하고 두려웠지만 이렇게 다독였다. "오래된 물건이라 어차피 5년 뒤에 다시 사야 돼. 아빠가 뭐라고 그러셨니? 다른 것은 다 잃더라도 건강하게만 돌아오면 된다고 하셨잖아. 그리고 우리 집, 이 정도로 망하지 않아."

이제는 돌아와 누울 침대도, 라면 끓여 먹을 냄비도 없다. 그 정도로 나는 비장하게 결심했다. 독자 여러분은 이미 눈치 챘겠지만 우리 집은 결코 조기유학을 보낼 만큼 넉넉하지 않다. 그저 평범한 가정일 뿐이다. 부모로부터 물려받은 재산이 있는 것도 아니고 10년 동안 저축하여 집 한 칸 장만했을 뿐이다. 뒤를 돌아보지 않기로, 도착한 다음 절대로 한국을 생각하지 않기로 했다. 그리고 15년 된 살림살이는 돌아왔을 때 다시 사면 그만이지 않은가? 미련 없이 떠나기로 했다. 조금이라도 애정을 두고 가면 한국 생각이 자꾸 날 것 같아서 말이다.

출발을 앞둔 며칠 전, 가족 끼리 마지막 외식을 위해 63 빌딩 중국 레스토랑으로 갔다. 이별을 앞둔 탓인지 무거운 기운이 감

돌았다. 남편은 먼 길을 떠나는 아들에게 뭔가 말하려 했지만 오히려 평소보다 말을 잘 잇지 못했다. 그리고 마지막으로 이 말을 했다. "엄마를 잘 부탁한다. 너는 남자가 아니냐, 여자는 남자가 보호하는 거야." 아이는 기어들어가는 목소리로 고개만 끄덕였다.

그렇게 주말을 보내고 남편은 지방으로 향했다. 꼭 다음 주에 다시 올 것처럼. 그러나 그게 마지막 모습이었다. 이틀 뒤 공항에서 배웅은 하지 않기로 했다. 나는 마음이 약해질까 봐, 여행가는 사람들처럼 담담하게 떠나고 싶었다. 또 우리를 보내고 혼자서 돌아가는 남편의 심정도 배려하고자 그렇게 우리 가족은 조용히 작별했다.

언니네 집에서 마지막 밤을 보내고 이른 아침 미니 밴을 빌려 인천공항으로 향했다. 러시아워를 피하기 위해 서둘러서인지 금세 공항에 도착했다. 안개가 자욱한 새벽공기는 뼛속까지 파고드는 것 같았다. 검은색 이민 가방 4개를 끌고 수속을 밟기 위해 짐을 부치려는데 문제가 생겼다. 무게초과라 모두 가져갈 수 없단다. 너무 욕심을 부린 것이 화근이었다. 가져갈 수 있는 한 가져가려고 한 것이 무리였나 보다. 부랴부랴 공항에서 짐을 풀어헤치고 좀 덜 중요한 것은 따로 빼놓는 작업을 했다. 남는 것은 그냥 언니 편에 돌려보내려고 하는데, 별도의 요금을 지불하면 가방을 더 부칠 수 있다고 했다. 그렇게 소란스러운 탑승 수속은 마무리가 되었다. 일찍 나오길 정말 다행이었다.

모두가 땀을 빼고 한숨 돌리며 말없이 인사를 나누었다. 우리 아이는 혼자 자란 아이라 언니네 조카랑은 형제 같은 사이다. 이별이 아쉬우리라. 비행기는 연착도 없이 제 시간에 출발했다. 금방 활주로를 달리는 것 같더니 매정하게도 망설임 없이 완벽하게 이륙을 했다. 이제는 내 나라 땅을 떠난 것이다.

20년 전에 일본어 연수를 위해 일본행 비행기를 혼자 탄 적이 있다. 그때는 짧은 일어로도 자신이 있었다. 실제로도 잘 적응했다. 수업이 끝나면 혼자서 동경을 샅샅이 뒤지며 이것저것 저렴한 물건도 사고, 일본사람에게 핑계를 만들어 말을 걸어보곤 했는데 참 재미있었다. 그런데 지금은 두렵다. 내가 나이를 먹긴 먹었나 보다. 마흔이 넘었으니 새로운 도전에 실패하면 다시 일어설 수 없을 것이다. 그러나 어찌 두려움뿐이었으랴! 나에게도 아들에게도 모두 도전이지만 결코 실패를 두려워하지 말자. 스스로 다독거렸다.

이륙한 후에도 나는 한참을 창밖의 풍경을 담아놓으려 애썼다. 언제 다시 볼지 모르는 내 나라가 아닌가. 재형이도 한참을 밖만 내다보더니 느닷없이 한마디 한다. "엄마! 우리가 다시 돌아오는 비행기에서는 어떤 기분일까요?" 아이의 느닷없는 질문에 돌아오는 비행기를 상상해본다. "글쎄, 우리가 무엇을 갖고 오느냐에 달려 있지 않을까?" 그러면서 '금의환향' 이란 네 글자를 머릿속에 새겨본다. 꼭 그렇게 되게 하리라.

CHAPTER 04

우리는 이렇게
예일대에 합격했다

● 두려움의 실체는 내부에 있다!

2002년 1월 11일, JFK공항에는 뿌리는 둥 마는 둥 비가 내리고 있었다. 넓지만 기본 시설만 갖춘 인천공항과 그곳은 다소 다른 풍경이었다. 입국심사를 기다리고 있는데 무슨 죄를 지은 것처럼 가슴이 오그라들었다. 아들은 그냥 통과했는데 나는 무슨 이유에서인지 조그만 사무실로 안내되었다. 그곳에는 이미 예닐곱 명 정도의 각국 사람들이 대기하고 있었다. 대한항공 비행기 편에서는 나 혼자인 것 같았다. 겁이 덜컥 났다. 이대로 한국행 비행기를 다시 타는 것은 아닌가? 방정맞은 생각이 먼저 들었다. 9.11 테러 이후 유학생에 대해 엄격한 기준을 적용한다는 소문이 사실이었다. 도둑이 제 발 저린다고 혹시 위장유학으로 오해받는 것은 아닌지 걱정되었다. 중학생 아이를 데리고 여자 혼자 온 것을 색안경을 끼고 보면 무리도 아니다. 사실 법적으로는 문제가 없었지만 엄마의 유학을 가장한 아이의 유학으로 판단된다면 한국으로 돌아오게 된다는 한 유학원의 말이 갑자기 떠올랐다. 또 우리가 도착한 날은 9. 11 테러가 일어난 지 4개월 밖에 지나지 않은 시점이라 공항의 경비가 제법 삼엄했다.

나의 두려움은 단순히 입국수속 차원의 문제가 아니라 앞으로 미국 땅에서 잘 살아갈 수 있을까 하는 데까지 뻗쳤다. 한국에서 조기유학 온 학생과 엄마는 눈에 띌 수밖에 없다. 미국에 아무리 아시아계 유학생이 많다고 해도 말이다. 평범한 미국인들보다 여러 가지 면에서 조건이 열악하다. 나야 그렇다손 치더라도 그들과 치열하게 경쟁해야 하는 우리아이는 열악한 조건에서 얼마나 스트레스 받고 좌절할까? 이런저런 두려움이 엄습해왔다. 그 짧은 시간에 끊임없이 두려움이 머릿속에서 일어났다가 금세 다른 두려움으로 대체되었다. 미국으로 떠나기를 결심하면서부터 예상했던 것이지만 막상 닥치니 걱정이 이만저만이 아니었다.

초조한 시간이 30분 정도 흐른 것 같았다. 이름이 호명되고 I-20(입학 허가서)을 보이자 어디서 묵을 것인지를 물었다. 유학생은 현지 주소가 정확해야 하고 이사할 때마다 이민국에 신고하게끔 되어 있다. 미국에 친인척이 없었다. 다행히 영어연수를 마치고 귀국하는 조카의 주소를 빌렸다. 이윽고 통과 입국허가서에 입국

도장이 찍히자 입학허가서를 낚아채 재빨리 나올 채비를 차렸다. 혹시라도 붙잡힐까 걱정이 돼 아무것도 들리지 않았나 보다. 그때 공항직원이 나를 불러 세운다. "Ms. Lee!" 또 뭔가? 식은땀이 다 났다. 급한 마음에 여권을 챙겨오지 않은 것이었다!

기다리다 지친 조카는 예약한 차를 보내고 걱정스레 기다리고 있었다. "왜 이렇게 늦었어? 이모! 이렇게 짐이 많아?" 질문이 쏟아진다. 택시로는 안 될 것 같아 밴을 불렀다. 차는 JFK 공항을 빠져 나와 한인들이 많이 모여 산다는 플러싱을 향해 달렸다. 아들과 나는 양쪽 창가에 붙어 앉아 앞으로 살게 될 미국을 경이로운 눈으로 바라보고 있었다. 인적이 드문 길을 지나 뉴욕 변두리로 들어섰다. 가는 비가 흩뿌려서인지 사람들은 거의 우산을 쓰지 않고 다녔다. 한국과는 무척 다른 풍경이다.

플러싱으로 들어서면서부터 한국 간판이 눈에 띄었다. '황태자 이발관', '까치 분식'처럼 60~70년대식으로 꾸민 가게가 즐비하다. '여기가 미국인가? 조금 실망인데.' 초라한 동네에 내린 다음 조카는 가방을 끈 채 단단한 철문을 열고 지하로 들어간다. 처음에 느꼈던 경이로움과 신기함이 점점 실망과 탄식으로 바뀌고 있었다.

"지하야?" 나의 반응에 서운했는지 조카는 뽀로통하게 대꾸한다. "지하가 뭐 어때서?" 어려운 유학생 형편에 임대료를 절약하기 위해서라고 생각하니 안쓰러운 마음이 든다. 입구에 비해 지하는 넓어서 침대를 두 개 놓고도 여유가 있었다. 그날 저녁 조카가 구워준 삼겹살을 먹으면서 미국에서의 첫날을 보냈다. 조카가 그동안 미국에서 겪은 이야기를 듣고, 나의 계획, 재형이의 포부를 밤새 풀어놓으며 새벽까지 놀았다.

　도착한 다음날, 서둘러 뉴욕 중심가 맨해튼으로 향했다. 플러싱에서 한 시간 정도 지하철을 타고 가면 맨해튼을 만날 수 있다. 지하철은 서울과 비교하면 정말 초라하기 그지없다. 딱딱한 의자에 덜컹거리며 소리 또한 크다. 지하철역은 온갖 낙서로 지저분하며 여기저기 구걸하는 걸인도 눈에 띈다. 이와 대조적으로 지상의 세계는 화려하다. 세계 경제의 중심임을 뽐내듯 빼곡히 들어선 빌딩 때문에 하늘이 보이질 않는다. 정장 차림의 젊은이들이 어디론가 바삐 움직인다. 그들은 젊고 멋있고 키도 컸다. 거기에다 뭔지 모를 자신감과 활기가 넘쳐 마치 영화배우 같다. 문득 초라함이 느껴진다. 자신이 없어진다. 이 많은 사람들 중에 내가 과연 살아남을 수 있을까? 꿈을 이룰 수 있을까?

　이들은 이곳에서 태어나 줄곧 여기서 살아서 영어나 문화의 장벽이 없다. 또한 조상 대대로 닦아온 터전이다. 뉴욕 중심가 맨해튼에서 나는 왜소함을 실감하며 낯선 이방인, 굴러온 돌이라는 생각이 들자 관광도 그다지 즐겁지 않았다. 15살 어린 소년을 손에 잡고 14시간 동안 날아온 나를 이 땅에선 아무도 반기지 않는듯 했다. 그저 높고 단단한 벽을 느낄 뿐이다. '무식하면 용감하다'고 내가 엄청난 일은 저지른 것 같아 무섭고 두렵기만 했다.

　그런데 내 '두려움'의 정체는 무엇일까? 내가 두렵다고 느낀 순간은 바로 우리 아이의 경쟁상대가 버거워 보인다는 판단이 내려지는 순간이었다. 아들에 대한 나의 신뢰가 부족했기 때문이다. 물론 나의 아들도 불안감이나 두려움을 느꼈을 것이다. 그것은 자신감의 부족 탓이다. 결국 두려움을 극복하는 방법은 하나밖에 없었다. 나 자신을 신뢰하고 아들에게 자신감을 불어넣는 일! 외부환경이나 경쟁상대에 신경 쓰면 두려움은 더욱 커질 뿐이다. 아이와 나는 둘 다 두려움을 극복해야 했다. 나는 아이에게 다음처럼 말해주곤 했다.

TIP 11

아이의 두려움 없애주기

1 우선 초조함이나 잘 해야 한다는 부담감을 덜어내야 한다. 끊임없이 격려와 축하메시지를 스스로에게 던져라. 즉 '너는 미국 땅을 밟은 것만으로도 위대한 도전을 한 거야!'

2 '실수해도 괜찮아!' 실수를 두려워해서는 아무 것도 이룰 수 없다. 이곳은 지금까지 내가 생활한 곳과는 많은 것이 다르다. 당연히 너는 실수를 할 수밖에 없다. 다만 실수를 반복하지 않는 것, 실수를 통해 뭔가를 얻는다면 그것만으로도 충분하다.

3 긍정적인 상황은 스스로 만드는 것이다. 네가 처한 상황이 최악이라고 생각한다면 정말 최악인 상황이 된다. 하지만 네가 처한 상황이 긍정적이라고 생각한다면 긍정적인 상황이 된다.

첫날에는 다소 실망한 것 같더니 다음날 아이는 무척 신기해했다. 이제 미국임을 실감하겠다며 미국의 냄새를 이야기했다. 어릴 적 미군 부대에서 맡았던 냄새랑 같다며 가습기에서 나는 따뜻한 기운이 느껴진다고 했다. 아이는 무슨 생각을 할까? 청교도 정신으로 일궈놓은 이 화려한 문화 앞에서 주눅이 들지 않았으면 좋겠다는 생각을 했다.

중학교 교과서에서 읽었던 센트럴 파크를 돌아 메트로폴리탄 박물관에서 반나절을 보냈다. 물론 다 돌아보진 못했다. 규모 면에서나 시설, 더구나 질서 면에서 어느 것 하나 흠 잡을 데가 없다. 그런데 그날 밤, 엄청난 중압감 때문에 잠을 이루지 못했다. '도대체 내가 무슨 일을 저지른 것인가?' 다시는 이런 무모한 시도는 하지 않겠다고 맹세했다. 이제는 집을 알아봐야 하고 아이의 학교 입학과 관련하여 챙겨야 할 일들이 많았다. 이제는 건너지 못할 다리를 건너온 것이다. 뒤돌아볼 여유도, 이유도 없다. 앞을 보고 달리는 수밖에. 나는 아들에게 이렇게 말했다. "결과를 두려워 말고, 피할 수 없다면 즐기자! 파이팅."

● 하일랜드 파크에 정착하다

조카 집에 머무르면서 2주 안에 집을 구해야 했다. 어학연수를 마치고 귀국하려는 조카에게 우리가 집을 구할 때까지만 더 있어 달라고 부탁한 것인 만큼 시간이 촉박했다. 집도 없이 미국으로 유학 온 사람이 몇이나 될까? 집을 구하기란 여간 까다로운 일이 아니었다. 집을 임대하려면 소셜 넘버(Social Number : 미국의 주민등록증)가 필요한데 나에겐 그것이 없었다. 재정상태를 증명해 줄 직장도 없으니 가져간 목돈으로 보증금 삼아 1년 임대료를 낸다고 해도 신분이 확실치 않아 어느 곳 하나 쾌히 승낙하는 곳이 없었다. 이런 어려움에도 불구하고 나는 좋은 집을 구하고 싶었다. 집 구하기는 중요하다. 아이가 몸과 마음이 편한 상태에서 공부에만 전념할 수 있는 공간을 만들어주고 싶었다. 임대료가 비싼 집을 고르라는 말이 아니라 아이가 편안하게 공부할 수 있는 물리적 환경을 만들어주는 것, 그것이 공부를 잘할 수 있는 첫째 조건이라 생각한다.

미국은 새 학기를 마친 6~8월이 본격적인 이사철이다. 우리는 겨울에 도착하였으니 빈 집이 그리 흔치 않았다. 당장 이사할 집을 구하자니 상태가 엉망이었다. 청소가 제대로 되어 있지 않거나 소파가 찢어져서 노란색 스펀지를 드러내는 집은 그나마 양호한 편이었다. 냉장고에 곰팡이가 낀 집, 심지어 가스가 새는 집도 있었다. 복덕방 아저씨는 금방 고칠 수 있다고 했지만 미국에 이런 곳도 있나 싶었다. 싼 임대료 때문이리라 생각하니 마음이 무거워졌다. 이것이 바로 타국 생활의 설움이구나. 한국에서라면 이런 집에 살지 않아도 되는데 정말로 참담한 심정이었다.

미국에 가면 교회의 도움을 받아야 한다는 얘기를 들은 적이 있어 밑져야 본전이라는 생각에 교회를 찾아갔다. 나는 기독교 신자는 아니지만 예배에 참석해보았다. 이것은 새로운 환경에 적응하기 위한 비결이기도 하다. 우리나라에서도 마찬가지지만 낯선 사람이 이사 오면 경계하는 것은 당연하다. 그래서 그들과 친해져야 하는데 가장 좋은 방법이 종교나 취미, 봉사활동과 같은 공통의 관심사로 인맥을 쌓는 것이다. 즉 그들의 커뮤니티에 자연스럽게 진입함으로써 동질감을 형성하는 것이다. 그리고 거기서 많은 도움을 얻을 수 있다. 이미 그 안에서 낯선 사람이 아니기 때문에 사람들은 경계심을 풀게 된다.

교회에 나간 첫날 친교시간에 신기하게도 집 문제가 해결되었다. 좀 있으면 한국으로 돌아갈 교수님 집이 빌 것이라고 누군가 알려줬다. 그동안 교수님이 쌓아놓은 신용 덕분에 그 집 주인은 한국인에 대한 인식이 좋은 편이었다. 우리는 생각보다 저렴한 비용에 그 집에 들어갈 수 있었다. 나는 여기서 많은 것을 배웠다. 나는 단지 한 사람의 한국인이 아니라 대다수의 미국인에게 한국인을 대표하는 사람이라는 것이다. 당연히 나도 다른 한국 사람들을 대표해서 미국인들에게 좋은 인상을 심어줘야 한다는 사명감이 생겼다.

내가 정착지로 정한 뉴저지 주는 미국의 동북부에 속하며, 인구 밀도가 꽤 높은 지역이다. 면적이나 생김새가 한반도와 매우 흡사하다. 맨해튼과는 허드슨 강을 사이에 두고 있다. 많은 교민이 뉴욕과 뉴저지를 오가며 생업에 전념하고 있다. 교민들이 많이 사는 뉴저지에서도 북부에 속하며 하일랜드 파크는 중부 뉴저지에 속한다. 뉴욕에서 기차나 버스로 한 시간 정도 걸린다.

내가 살던 동네는 미국에서는 흔치 않은 동네였다. 유태인들의 안식일 예배를 위해 교회를 중심으로 마을이 형성되 있었고 집이며 가게들은 한국처럼 밀집되어 있다. 아이의 학교 또한 가까워서 안성맞춤이었다. 한국 식품점이나 내가 다닐 학교가 먼 것을 빼면 모두가 걸어서 다닐 수 있는 조그마한 동네였다. 조그만 마을이라 그런지 학교도 작아서 한 학년이 80명 정도로 아이가 적응하기에는 아주 적합한 곳이었다. 규모가 작은 학교에서 전학 온 아이는 선생님에게 금방 눈에 띌 것이고 조금만 잘해도 돋보이기 마련이다.

나는 경제적인 어려움을 극복하고자 주말에 할 수 있는 일을 알아보았다. 당시 임대료는 월 980달러로 그다지 비싼 편은 아니었지만 환율이 1달러당 1200원이어서 한국 돈을 갖다 쓰는 것이 큰 부담이었다. 평범한 월급쟁이인 남편이 봉급에서 생활비를 제외한 전액을 부치는데도 2500달러가 넘지 않았다. 1/3 이상을 집세로 내고 나면 내 학비에 자동차보험료, 식비, 전기세, 여타 잡비를 충당하기도 매우 빠듯했다. 아파서 병원이라도 가게 된다면 큰일이었다. 미국은 우리나라와 달리 의료비가 매우 비싸다. 보험 없이 병원에 갈 경우 의사 진찰비만도 100달러가 넘는다.

그래서 찾은 첫 번째 일이 김치 판촉행사 판매원이었다. 주로 중국인을 대상으로 하는 슈퍼마켓에서 한국의 유명한 김치회사의 제품을 홍보하는 일이었다. 나는 김치 선전이 한국의 국위 선양에 도움이 된다고 생각하면서 열심히 일했다. 설명서를 다 외우고 안 되는 발음으로 연습해가며 지나다니는 사람들에게 목청을 높였다. 처음에는 어색한 발음이 매우 신경 쓰였는데 가만히 들어보니 중국 사람들 발음도 그리 훌륭한 것은 아니었다. 어차피 외국인이긴 마찬가지 아닌가. 목소리를 더 높여 "네, 여기 한국의 전통 식품, 김치가 있습니다. 유산균이 가장 많이 든…."

미국에서 집 구하기

1. 지역신문을 이용하면 비교적 싼 집을 구할 수 있다.

2. 미리 방문하여 학교 위치, 도서관 등을 알아본다.

3. 스쿨버스 정차 여부를 확인한다.

4. 계약 전에 수리해야 할 곳을 명시한다(나중에 물어줄 일이 생길지도 모른다).

5. 저녁에 방문하여 이웃, 주변 치안, 사회구성원을 알아본다.

● 새로운 환경에서 정체성 발견하기

인간은 누구나 새로운 환경에 처하면 중심을 잃고 방황하기 쉽다. 방황을 짧게 끝내는 아이도 있고 거기에 빠져 헤어나지 못하는 아이도 있다. 그것은 자신의 정체성이 얼마나 확고하냐에 따라 달라진다. 미국에서 태어난 아이든 조기유학을 간 아이든 사춘기는 정체성의 혼돈기다. 자신의 정체성을 확립한 다음이라야 비전도 세우고 공부도 열심히 할 수 있다. 흔들리는 뿌리는 언젠가는 쓰러지기 마련이다.

주변에 아이 문제로 고민하는 엄마가 있었다. 9학년 때까지만 해도 A만 받아오던 아이였는데 어느 날부터 마약에 손을 댄다고 했다. 당연히 학교 공부도 엉망이며 결석을 너무 많이 하여 졸업을 장담할 수 없는 지경에 이르렀다. 자신의 정체성이 명확히 정립되지 않아 생긴 혼란이라고 생각한다. 이야기를 들어보니 그 원인은 엄마에게 있었다. 아이가 어렸을 때부터 백인이랑만 놀게 하고 한국 교민사회와는 인연을 끊고 살았다고 한다. 그 아이는 한국인임에도 불구하고 한국인을 아주 싫어했다. 나와 그 아이의 엄마는 일 때문에 알게 되었는데, 생계를 위한 직장 외에는 한국과 한국인을 외면하고 살았다. 나는 아이의 정체성이 흔들리는 것 같으니 교민사회와 접촉의 기회를 마련해보라고 조언했다. 그러자 그녀는 펄쩍 뛰며 '우리아이는 어려서부터 백인아이들이랑만 놀았다'고 말했다. 그게 무슨 자랑이라도 된단 말인가? 나는 진정으로 조언했지만 그녀는 받아들이지 않았다.

나의 제안을 여러 번 거절한 그 아이의 엄마와도 헤어지고 1년이 지난 어느 날, 교민들이 한인 학생 구명운동을 한다며 나에게도 서명을 부탁했다. 한국아이가 마약을 소지하다 걸렸는데 억울하게도 마약 판매로 판정이 났다고 했다. 처음 있는 일이고 또 미성년자이니 탄원서를 재판부에 올려보자고 운동에 나선 것이다. 그 아이는 바로 1년 전 나에게 고민을 털어놨던 엄마의 아들이었다. 이처럼 아무리 부정하고 싶어도 결국엔 한국인들이 도와주는 것을 그녀는 왜 미처 몰랐을까?

우리아이에게도 정체성 문제는 있었다. 미국에 와서 미국사를 공부하며 이상한 생각이 들었는지 이렇게 말했다. "엄마! 나 미국사를 이렇게 자세히 배워도 돼요? 국사도 잘 모르는데 조지 워싱턴에 대해서 자랑을 늘어놓을 땐 정말 화가 나요." 나도 탄식이 나왔다. "그렇긴 한데 국사는 언제든지 네가 관심 있게 책을 보면 되고 미국사도 알아야 나중에 미국인과 협상할 때 유리하지 않겠니? 모르면 당하는 법이란다." 재형이는 그래도 자신이 한국 사람이라는 정체성이 있었지만 더 일찍 유학 온 경우엔 일방적으로 미국사만 받아들이게 된다. 자신의 정체성에 대해 혼돈을 느끼면 원래 목적인 학업에 집중할 수 없다. 외국에서 한국인으로 버티려면 제대로 된 정체성 확립이 필요하다.

정체성 확립과 더불어 문화 차이를 인정하고 우리 문화의 장점을 부각할 줄 알아야 한다. 미국에는 다양한 인종, 다양한 문화가 공존한다. 그들의 문화가 주류라고 해서 무작정 그들을 따라 해서는 안 된다. 나는 아이에게 항상 '예의바름'을 강조하곤 했다. 고리타분하게 생각할 수도 있지만 우리 문화의 고유한 장점, 연장자를 우대하고 선생님을 공경할 줄 안다는 것은 미국사회에서 한국 학생들이 차별화할 수 있는 전략이 된다. 미국이 아무리 자유분방하다고 할지라도 책상에 발을 올려놓고 있는 아이를 좋아할 선생님이 어디 있겠는가?

우리아이는 예의바른 생활로 선생님들의 사랑을 받았다. 밴드 지도교사는 요즈음 미국 아이들은 제멋대로 커서 엉망이지만 재형이는 참 예의가 바르다고 칭찬했다. 역시 동양식 교육방법이 옳다며 우리아이를 빗대서 칭찬하곤 했다. 선생님과 긴밀한 유대관계를 중요시하는 미국에서 이는 매우 소중한 가치를 지닌다. 한번은 백화점에서 우연히 만난 스페인어 선생님이 굳이 나한테 와서 당신 아이는 예의바르고 성적도 뛰어나다며 엄지손가락을 펴 보인 적도 있었다.

미국을 생각하면 인종차별을 염려하는 사람들이 많을 것이다.

하지만 이 문제에 대해선 먼저 민감하게 받아들이지 말라고 충고하고 싶다. 인간인 이상 나와 다른 사람에 대한 경계, 호기심, 텃세는 있기 마련이다. 한국 내에서도 남녀차별, 지역차별, 학벌차별 등 무수히 많은 차별이 존재하지 않은가? 한국에도 '왕따'라는 심각한 청소년 문제가 있지 않은가? '차이'를 '차별'로 심각하게 받아들여 자괴감에 빠지지 않았으면 좋겠다. 흔히 말하는 인종차별은 사회에 나가서 어떤 중요한 업무를 다룬다든지 최고의 경영자를 뽑을 때 인종이 다르다는 이유로 불이익을 받을 때나 해당되는 얘기니 미리 걱정할 필요는 없다. 오히려 미국은 능력대로 대접받는 매우 합리적이고 평등한 나라라고 생각한다.

우리아이도 놀림을 받은 적이 많다. 주로 영어 발음 때문이겠지만 한국인으로서 영어발음이 온전치 못한 것은 당연한 일이니 '차이'로 받아들이라고 했다. 괜히 발음 때문에 놀린다고 싸움질을 해선 안 된다. 즉각적으로 반응하지 않으면 나중에는 자연스럽게 친해질 계기가 생긴다. 그들의 놀림에 똑같이 반응하면 문제가 커진다. 그냥 한국인이니까 단지 발음이 다르다고 인정하면 그만이다. 그들이 한국말을 하려고 할 때 우리 또한 웃고 놀리지 않겠는가?

● **아이 스스로 문제해결 능력을 높여야 한다**

미국에 와서 내가 느낀 좌절감은 아이의 공부를 위해 내가 할 수 있는 일이 별로 없다는 것이었다. 한국에서는 내가 모르는 것

도 공부해서 가르치고 시험기간 내내 같이 예상문제도 만들어 풀
곤 했는데 여기 와서는 손을 놓는 수밖에 없었다. 답답한 마음에
교민들에게 물어보는 것이 고작이었는데 그들도 나와 마찬가지
였다. 20년 가까이 살았다고 해도 생업에 쫓기다 보니 학교 일은
뒷전이었고 일부 관심 있는 부모들도 여기서 학교를 다니지 않았
기 때문에 고등학교 교과과정이라든지 입시준비에 대해 잘 알지
못했다. 나는 아이에게 이렇게 말할 뿐이었다. "선배들에게 물어
서 해결하는 게 어때?"

아이는 나의 우려와는 달리 비교적 준비를 잘했다. 첫째, 학교
생활에 필요한 정확한 정보를 얻기 위해 항상 주위를 유심히 관
찰하기. 관심 있는 사람은 정보를 잘 취할 수 있다. 게시판에 붙
어 있는 조그만 공지사항도 아이는 놓치지 않았다. 1년이 지나고
부터는 주위의 누구보다도 정확한 정보를 갖게 되었다. 대부분의
아이들은 11학년 때 집중적으로 시험을 보는데 비해 우리아이는
9학년 때부터 SAT II(미국의 수학능력 시험으로 SAT I 과 SAT II가
있다. 이것은 과목별로 따로 된 시험으로 대학에서 3~4개를 기본적으
로 요구한다. 총 800점 만점이다)를 한 과목씩 해치워나갔다. 그래
서 12학년 때는 시험에 대한 부담을 줄일 수 있었다.

재형이가 9학년일 때 하루는 게시판에서 곧 SAT II 화학 시험이
있다는 것을 봤다고 했다. 그때만 해도 그 시험은 12학년만 보는
줄 알았다. 한 선배는 올해 화학을 들었으니 시험을 본다고 했단
다. 그해에 들은 과목을 시험 치면 학습내용을 생생히 기억할 테
니 좋은 성적이 나온다는 것이었다. '나중에 공부해서 봐야지'
하는 학생들은 12학년이 되면 시간에 쫓겨 아무것도 제대로 하지

못한다는 이야기는 설득력이 있었다. 재형이는 그해 SAT II 생물 시험을 보았다. 그 이후 많은 이들이 우리아이처럼 따라했다. 이런 것은 모두 재형이가 유학준비며 공부를 스스로 해결한 덕에 얻은 결과물이라고 생각한다.

둘째, 공부 잘하는 선배 사귀기. 어느 집단이든 그곳에는 리더가 있기 마련이다. 이런 아이들을 잘 관찰하면서 흉내 내는 것만으로 큰 도움이 된다. 한 번은 이런 일이 있었다. 재형이가 과학 올림피아드 팀에 늦게 합류하여 준비를 하는데 그 팀의 리더인 선배가 속으로 '학교 성적을 깎아내리지는 않을까' 걱정을 한 모양이다. 그런데 예상을 뒤엎고 재형이는 금메달을 받아 학교를 빛냈다. 그 선배는 우리아이를 찾아와 속으로 그런 생각을 해서 미안하다며 내년에는 자기가 졸업하니까 자신의 분야에도 출전하는 것이 어떠냐고 물어왔다. 그러겠다고 했더니 그동안 자신이 대회를 위해 4년 동안 준비해놓은 노트와 자료를 내밀더라는 것이다. 또 한 선배는 신문사 활동을 통해 알게 되었는데 대학에 제출하는 에세이를 다듬어주었다. 바로 한 학년 선배가 많은 도움이 된다. 매년 조금씩 입학제도가 바뀌고 하니 바로 전 학년 선배의 조언이 가장 신빙성 있다.

셋째, 카운슬러와 긴밀한 관계 유지하기. 카운슬러는 우리나라 담임선생님과 비슷하다. 수업은 하지 않고 주로 아이의 시간표 짜기, 진로상담 등 학과목을 제외한 전반적인 일을 관리해준다. 9학년 때 정해지면 잘 바뀌지 않으니 지속적으로 바람직한 관계를 유지해야 한다. 예약을 하면 언제든지 상담할 수 있고 진로지도에 가장 유능하다. 그리고 대학 입시에 필요한 모든 서류를 대학 측에 보내준다. 대부분의 학교가 카운슬러의 추천서를 요구하므로 평소 친분을 쌓아놓는 것이 좋다. 그렇다고 촌지를 준비하라는 것이 아니다. 비싼 선물을 했다가 잘못하면 창피를 당할 수 있다.

넷째, 학교 행사에 적극적으로 참여하기. 우리나라 부모도 열성이지만 중국, 인도 학부모도 우리 못지않게 극성이다. 인도 학부모의 경우 능숙한 영어실력을 바탕으로 직접 교사와 상담한다고 한다. 우리와 달리 아빠가 직접 나서는 경우가 많다. 인도인들의 극성맞은 교육열을 보여주는 한 일화가 있다. 고등학교 내에서 기자활동을 하게 되면 10학년 하반기에는 섹션별 편집장이(뉴스, 스포츠 등)될 수 있다. 그리고 11학년 하반기에는 전체 편집장을 뽑는다. 그런데 한 유별난 인도 학생 아빠가 뉴스 편집장에 떨어진 자기 아이를 위해 직접 학교에 찾아왔다. 자기 아이가 밀릴 이유가 뭐냐고 와서 따지며 두 명이 같이 하면 안 되냐고 떼를 쓴 것이다. 파트별 리더는 한 명이어야 한다며 학교 측에서 겨우 돌려보냈다고 한다.

사정이 이러한데 한국인 부모는 바쁘다는 핑계로, 영어가 능숙하지 않는다는 이유로 학교 행사에는 소극적인 경우가 많다. 재형이가 다니던 프린스턴 고등학교는 대개 백인 위주로 학급이 구성되어 있고, 남미계, 중국, 인도, 한국 등 동양계가 일부 있었다. 우리아이가 중국이나 인도 아이들에게 뒤질 이유는 없었지만 한국인이 없었기 때문에 나도 어려움을 겪었다. 학교 행사에 참석해보면 한국인은 늘 나 혼자였다. 알아들을 수는 없어도 아이가 연주하는 모습을 본다는 자세로 매달 열리는 댄스파티에 참석했다.

여기서 스튜디오 밴드 아이들은 연주를 해주고 그 입장료로 각종 대회 참가에 필요한 비용을 충당한다. 나 혼자 테이블에 앉아 있는 모습이 어떻게 비춰졌는지 모르겠지만 밴드 선생님이나 재형이를 아는 아이들에게 긍정적인 효과로 작용했다고 생각한다. 아이에게 용기를 주기 위해서라도 학교 행사나 학부모 모임에 꼭 참석하자.

● 학교 공부에 어떻게 적응할 것인가?

아이는 아이대로 힘든 하루를 보냈다. 처음부터 수업을 따라잡기는 역부족이었나 보다. 수학은 한국에서 배운 내용이라 쉬웠지만 과학은 배운 내용이라 하더라도 접근방법이 좀 다르고 실험위주 수업이어서 리포트를 작성하는 데 많은 어려움이 따랐다. 사회과목도 어려웠으며 미국사는 처음 접하는 내용이라 아이는 매우 당혹해했다.

가장 어려운 것은 역시 영어였다. 미국은 한국과 달리 영어 교과서가 없이 소설이나 시 같은 것을 교재로 삼아 토론도 하고 에세이도 쓴다. 더구나 학교마다 선택하는 소설의 종류도 다르다. 처음 우리아이는 작문에 대한 공부가 부족하여 이것을 만회하기 위해 새벽 2시까지 어렵고 이해하기 힘든 소설이며 시를 읽었다.

이런 노력이 통했는지 8학년 때에 B$^+$ 학점을 받고도 영어 우수반에 들 수 있었다. 이 반은 A학점만 받은 학생들이 들어갈 수 있는 곳인데, 영어 선생님은 재형이의 잠재능력을 인정하여 8학년 선생과 의논하여 우수반으로 편입시켰다. 미국의 장점은 바로 이런 것이다. 겉으로 드러난 결과 이외에도 잠재능력, 열정, 가능치를 판단한다는 것이다. 아이의 가능성을 찾고 잠재력을 개발하도록 도와주는 선생님을 만난다는 것은 큰 행운이다. 영어 선생님은 '이렇게 빠른 시일(6개월) 내에 재형이처럼 많은 책을 읽어내고 급격히 성장한 아이는 본 적이 없다' 며 칭찬을 아끼지 않았다. 그러면서 영어 우수반에 들어가서도 잘 따라할 수 있을 것이라고 격려해주었다. 아이는 미국 선생님으로부터 받은 평가라 매우 기뻐하며 자신감을 얻었다. 그후 재형이는 9학년이 되면서 '생물 경시대회' 의 학교 대표로 선발되었고 뉴저지 주 전체에서 8등이라는 우수한 성적을 올렸다.

미국의 고등학교는 대학처럼 일정 학점을 이수해야만 졸업이 가능하다. 영어는 고교 4년 동안 계속 들어야 하지만 수학 등 여타 과목은 3년만 들어도 된다. 또 우리나라와 달리 과목 수가 많지 않다. 과학에서는 지구과학, 물리, 화학, 생물 분야를 선택하여 듣되 3년을 채우면 된다. 사회도 마찬가지여서 미국사, 세계사 중 하나를 선택해서 듣고 외국어도 하나를 들어야 한다. 나머지는 일반 선택 과목으로 체육이나 오케스트라 등이 있지만 이는 학점의 개념보다는 교양으로 듣는 수업이라고 생각하면 된다.

선택의 폭도 다양해서 같은 학년이라 해서 같은 수준의 과목을 듣는 것이 아니다. 이러한 이유로 A학점이라도 똑같은 것이 아니다. 우수반이냐 어떤 과목이냐에 따라 차이가 난다. 잘하는 아이들의 경우 능력에 맞게 기초과정은 생략하고 점점 더 높은 단계의 과목을 이수하기 때문에 처음부터 공부에서 뒤쳐지면 그들을 따라잡기가 힘들다.

　그리고 좋은 대학일수록 어려운 과정을 이수한 아이들을 선호한다. 그런 이유로 3년이면 고등학교 과정을 끝마칠 수 있는데도 불구하고 4년 동안 수업을 듣고 심지어는 방학을 이용해 다른 학교에서 학점을 따기도 한다. 잘해서 대학과정까지 마치는 아이도 있고 졸업도 못하고 수료에 그치는 경우도 있다. 재형이 같은 경우는 생물 과목 1년, 화학 과목 3년을 들었는데, 화학은 대학 2학년 수준으로 고등학교를 마쳤다.

　이렇듯 자기가 잘하는 분야를 정해 깊이 들어갈 수 있으므로 재능을 마음껏 살리는 반면, 못하는 아이들은 쉬운 분야의 과목을 선택해 졸업하는 것으로 만족한다. 학교에선 아무도 그들에게 공부하라고 강요하지 않는다. 냉정한 학점만 있을 뿐이다. 다 자신이 알아서 해야 하는데 목표가 없는 아이는 학교를 빼먹기도 하고 마약에 손을 대는 경우도 생긴다.

　여기서 내가 저지른 실수 하나를 고백하겠다. 제2외국어를 선정하면서 프랑스어를 스페인어로 바꾼 것인데, 잘못된 정보를 가지고 저지른 실수였다. 우리아이는 한국에서 나름대로 혼자서 프랑스어를 공부했기 때문에 8학년에 입학해서도 같은 학년 아이들과 대등하게 공부할 수 있었다. 그런데 미국에서는 스페인어가 꼭 필요하다는 얘기를 들은 것이 화근이었다.

　미국은 남미계통의 이민자가 제일 많다. 하위직 대부분을 그들이 차지한다. 그래서 그 사람들을 부리기 위한 매니저는 스페인어에 능숙해야 하고 미국에서는 스페인어를 모르면 안 된다는 것이다. 9학년이 되면서 부랴부랴 스페인어로 반을 바꾸었는데 결과적으로 별로 잘한 일은 아니었다. 스페인어는 전혀 몰랐던 터라 처음부터 시작하는 저학년(7학년)과 같이 수업을 들어야 했다. 스페인어는 대부분의 아이들이 하는 터라 아무리 잘해도 두각을 나타내기 어렵다. 그냥 하던 프랑스어를 제대로 하는 것이 옳았다. 섣부른 정보를 가지고 아이만 힘들게 한 결과를 초래했다. 그러한 격차를 따라 잡느라고 여름방학 때 대학에서 열리는 강좌에 등록해 방학을 고스란히 바쳐야 했다.

● 좀더 높은 목표를 향해 학교를 옮기다

여기서 잠깐 벼룩 이야기를 할까 한다. 벼룩은 자신보다 100배 이상 높은 곳까지 뛰어오를 수 있다. 벼룩의 이런 특성에 대해 한 생물학자가 흥미로운 실험을 했다. 유리컵을 뒤집어 벼룩을 가둔 것이다. 처음에 벼룩은 자신의 높이뛰기 실력만큼 계속 뛰면서 유리컵 꼭대기에 부딪쳤다. 그렇게 며칠이 지나자 벼룩은 그 유리컵의 높이만큼만 뛰게 되었다. 유리컵을 치운 후에도 그 벼룩은 유리컵의 높이를 뛰어넘지 못했다. 스스로 유리컵의 한계에 익숙해져 자신의 높이뛰기 실력을 발휘하지 못한 것이다. 내가 이 이야기를 왜 하냐면 사람도 이와 같기 때문이다. 스스로 한계를 정하고 거기에 익숙해지면 그것을 뛰어넘을 생각을 아예 하지 않는다. 즉 한계를 뛰어넘으려는 도전정신, 모험심을 상실하는 것이다. 분명 한계를 뛰어넘을 잠재능력이 있음에도 불구하고.

재형이가 학교에 적응하고 안정을 찾을 무렵, 나는 더 좋은 학군을 찾아 프린스턴으로 이사하자고 제안했다. 아이는 펄펄 뛰며 안 된다고 했다. 1년 동안 고생해서 학교에서 성적도 올려놓았고 친구도 생겼는데 이 무슨 청천벽력 같은 소리냐는 것이다. 지금 생각하면 별 일 아니지만 그때는 꽤 심각했다. 매일 같이 다툼이 계속되었다.

프린스턴 대학을 한국에 있을 때 들어본 적은 있었다. 그러나 그 명문대가 뉴저지에, 그것도 내가 사는 하일랜드 파크에서 차로 40분 정도의 거리에 있는 줄은 몰랐다. 교민들의 얘기를 빌리자면, 명문대를 끼고 있는 동네라 주로 대학 교수들과 그 관계자들이 사는 부유층 마을이라고 했다. 학군도 당연히 좋아서 그곳의 공립학교는 매년 30~50명의 학생들을 IVY리그를 포함한 명문 대학으로 보낸다고 하니 나는 두 눈이 휘둥그레졌다. 물론 집 값이 턱없이 비싸 교민들은 발을 들여놓기가 무척 힘든 곳이라고 했다. 미국에서는 학군이 매우 중요하다는 것을 익히 알고 있는 터라 이사를 하기로 마음먹었다. 거주자에 한해서 개방되는 공립학교이기에 반드시 이사를 해야 했다.

그런데 아들의 저항이 만만치 않았다. 나의 주장은 "기왕에 미국에 왔으니 최고의 학군에서 최고의 아이들과 경쟁해야 되지 않겠니? 한국에서 미국도 왔는데 그깟 미국에서 미국으로 옮기는 것이 무슨 대수야!" 하고 윽박질렀다. 그러자 아이는 울먹이면서 이렇게 하소연했다. "엄마가 나의 심정을 아세요? 이제 겨우 친구가 생겼는데 또 다른 곳에 가서 새로 시작해야 하나요? 그리고 여기서도 1등만 하면 하버드든 어디든 다 간대요."

"그래, 몇몇은 가겠지. 그렇지만 여기서 상위 그룹이 되는 것도 쉬운 것은 아니다. 거기랑 비슷할 거야. 단지 숫자가 많다는 것 뿐이지. 또 넓은 곳에 가서 경쟁하고 싶지 않니? 그리고 내가 쭉 보아왔는데 아무리 어려워도 너는 그때마다 노력해서 슬기롭게 잘해 왔잖아. 너는 이번에도 잘할 거야. 미국에 올 때는 모든 것을 걸고 왔는데 최고의 아이들과 경쟁해서 패하는 게 낫지. 근처에 가보지도 않고 포기할 수는 없지 않니?"

미국에서도 대학입시에 학군은 아주 중요하다. 물론 그 이유는 우리나라와는 조금 다르다. 우리나라 같이 공부 잘하는 아이들이 모여 있는 '강남'이라고 딱 집어 말할 수는 없다. 미국의 모든 공립 고등학교는 자체적으로 자율성을 가지고 운영된다. 교사 채용이라든지, 커리큘럼 등을 지역사회 주민과 회의를 거처 정한다는 것이 특이하다. 운영비가 그 지역 주민의 주택 보유세 같은 재산세로 운영되기 때문에 교육에 관심이 높고 소득이 많은 지역은 학교의 수준이 높을 수밖에 없다. 따라서 집값도 비싸고 범죄로부터 안전하다. 상대적으로 소득이 낮은 집단이 주를 이루는 학군은 적은 세금에서 교육세가 차지하는 비율 또한 낮으므로빈약한 교과과정은 불을 보듯 뻔한 일이다.

사정이 이러한데 내가 가만히 있어야 한단 말인가? 아이의 학교 때문에 미국에 왔고 그러니 좋은 학군을 찾아 움직이는 것은 당연하다. 수준 높은 교육을 받아 미래에 대비하고자 이 고생을 참고 견디는데 좀더 최선을 다할 필요가 있다. 옳다는 판단이 서자 나는 강하게 아이를 압박했다.

우리아이는 자존심이 강하고 남에게 지는 것을 무척 싫어한다.

질 것 같으면 아예 포기해버리는 면도 있지만 무엇보다 자긍심에
상처받는 일을 당하지 않기 위해 정말 노력하는 아이다. 좀 부족
하다 싶으면 무슨 수를 써서라도 이겨내지만 자신의 목표를 달성
하면 안주하는 성향이 있다. 지금은 두려움에 거부할지 몰라도
전학을 하게 되면 또 다른 열정을 스스로 끌어낼 것이라는 믿음
이 나에겐 있었다. 즉 아이에게 더 많은 열정을 심어주기 위해 내
가 선택한 것은 조금 더 높은 목표를 제시해주는 것이다. 설령 스
트레스가 따른다고 해도 아이가 새로운 사고로 극복할 수 있는
목표를 제시해줌으로써 나태함과 안주에서 벗어나도록 이끄는
것이다.유리컵 속에 갇힌 벼룩으로 살지 않기 위해서는 자신의
목표치를 높게 잡아야 한다. 발전과 성장은 바로 불가능해 보이
는 목표를 실현함으로써 가능하기 때문이다.

● 명문학교에는 뭔가 특별한 것이 있다

다시 집을 구하기 위한 전쟁이 시작되었다. 지난번보다는 나은
셈이다. 당장 머물 수 있는 집은 있으니까. 생활 정보지 같은 것
을 뒤져 집을 알아보니 지금 집값의 두 배에 육박했다. 이래서
많은 사람들이 오고 싶어도 못 오는 그림의 떡인가 보다. 그렇다
면 집의 크기를 더 줄이는 수밖에 없다. 지금 집은 2개의 방에 거
실이 있었지만 프린스턴에서는 방 하나에 거실로 만족해야 한
다. 석 달을 고생한 끝에 가까스로 아이의 학교 가까운 곳에 집을
구할 수 있었다.

비싸진 임대료 1200달러로 인해 더 허리띠를 졸라매고 살아야 했지만 일주일도 지나지 않아 나는 그 동네가 무척 마음에 들었다. 300년이 넘은 고풍스런 도시로 초기 이민사회 풍경을 그대로 갖추고 있었다. 공기도 맑아 여름에 우리 집 잔디 앞마당은 반딧불이가 지천이었다. 철마다 열리는 각종 대학 행사, 풋볼 경기, 조정 경기, 농구 경기 등을 관람할 수 있다. 그리고 조금만 걸어가면 시내에는 고급 상가들이 즐비하여 저녁을 먹은 후 산책하기에는 그만이었다.

영화 〈뷰티풀 마인드〉의 촬영지이기도 하고 영화의 실제 주인공인 존 내쉬 박사가 살고 있는 곳이기도 하다. '아인슈타인' 이 이곳 프린스턴 대학 교수로 있으면서 자주 들린 아이스크림 가게도 그냥 지나치기 아까운 명소다. 아름답기로 소문난 프린스턴 대학 캠퍼스를 운동장 삼아 나는 자주 달렸다. 그러다 지치면 강가 벤치에 앉아 외로움을 달래곤 했다. 카네기가 공사를 한 인조 강이라고 하는데 너무나 자연스러워서 믿어지지 않을 정도다. 이 강에만 오면 나의 답답한 마음이 탁 트여 마음의 짐을 내려놓을 수 있었다.

그런데 재형이가 전학을 한 다음 강의 시간표를 짜는 과정에서 문제가 발생했다. 일부 과목은 정원이 초과하여 원하는 시간에 들을 수 없고, 특히 ESL(English as a Second Language : 3단계로 나뉘며 3년 과정이면 마칠 수 있다. 수준에 맞게 시작하고 시험을 거쳐 통과된 학생만 일반 영어반에 들 수 있다)이 문제였다. 미국에서 태어나지 않은 아이는 반드시 ESL을 거쳐야 한다는 것이다. 우리아이는 지난 학교에서 영어를 무사히 잘 마쳤으며 우수반에서 뛰어난 성적을 거뒀는데 무슨 소리냐며 물러서지 않았다. ESL을 들어야 한다는 것은 스페인어 과목 수강을 포기해야 함을 의미하므로 양보할 수 없었다.

결국 카운슬러는 그럼 어디 시험을 한번 쳐보자고 했다. 결국 재형이는 ESL 시험을 가볍게 통과했다. 80점이면 통과하는 시험에서 100점을 받아 실력을 입증한 것이다. 그런데도 미흡하다고 생각했는지 인터뷰를 실시했다. 주로 간단한 일상 질문이라 가볍게 마칠 수 있었다. 인터뷰를 마친 담당자는 "한국 학생들은 시험은 잘 보지만 말은 잘 못하는데 너는 말도 잘하는구나"라는 고무적인 답변을 들었다. 이렇게 해서 ESL 과정을 거치지 않고 영어 우수반에 들 수 있었다.

이사하기 싫어서 집을 구하는 내내 아이는 뾰로퉁하여 도와주지도 않더니 학교 간 지 며칠도 지나지 않아 학교가 너무 좋다고 난리였다. 뭐가 어떻게 좋으냐고 물었다. "그냥 좋아요. 아주 좋아요, 비교할 수가 없어요. 비교 자체가 안 돼요!" 미국이라고 해서 다 같은 수준의 교육을 하는 것은 아니다. 맹모삼천지교(孟母三遷之敎)라는 말을 새삼 떠오르게 하는 경험이었다. 이것으로 이미 적응한 학교를 버리고 굳이 새 학교를 찾아 떠나야 했는지에 대한 답을 우리아이는 스스로 찾은 것이다.

처음에 미국에 적응할 때는 작은 학교도 좋지만 작은 학교는 그 나름대로 한계가 있기 마련이다. 제공되는 프로그램이 다양할 수가 없으며 학생 수도 적다 보니 농구하는 아이가 육상 팀에 소속되기도 한다. 풋볼 게임은 이웃학교에 밀려 초반에 깨지기 일쑤고, 실력 있는 아이도 전국 규모 대회에 출전하지 못하는 경우가 많다. 이러한 이유로 나는 좀더 수준 높고 다양한 프로그램이 있는 곳으로 옮기고 싶었던 것이다. 물론 그곳에 가서 상위권에 들지 못한다면 더 불리할 수도 있지만 그렇게 안이하게 대처하고 싶지는 않았다. 아이는 자라면서 자기가 보고 느끼는 세상을 전부로 여긴다. 그러므로 더 넓은 세상을 보여줄 필요가 있다. 두려워서 물러서는 것보다 당당히 겨루어보는 것이 진정한 용기인 것이다.

프린스턴 고등학교에서는 아이들의 밴드 연주 솜씨가 수준급이며 외국어 선택 폭도 넓어 스페인어, 프랑스어는 물론이고 중국어, 일본어, 독일어, 이탈리아어까지 배울 수 있었다. 수학 등급도 다양하며 AP(Advanced Placement : 고등학교에서 실시하는 대학 수준의 수업. 일정과목에 한하여 시험을 본 후 4~5점이 나오면 대학에서 그 과목을 학점으로 인정해준다) 수업도 과목별로 갖추어져 있었다. 프린스턴 대학과 연계된 프로그램도 있고 방과 후 다양한 활동도 있으니 행복하다고 아이는 말했다. 하지만 우리는 상위 그룹에 속해야 하는 또 다른 과제가 남아 있었다. 두터운 상위 그룹을 자랑하는 프린스턴 고등학교, 그곳에서 우위를 차지하지 못하면 명문대는 멀어질 수밖에 없다.

다시 뿌리 내리기 위한 아이의 몸부림이 시작되었다. 수업 이외의 특별활동으로 학교신문, 과학 올림피아드, 과학 퀴즈대회, 밴드부에서 트럼본 연주, 병원 봉사활동 등 어느 것 하나 소홀함이 없이 준비했다. 요즘 한국 한생들은 SAT와 같은 시험에서 만점을 받고도 원하는 대학에 들어가지 못하는 경우가 많다. 우리나라로 치면 내신 1등급에 수학능력시험 만점을 받아도 서울대에 못 들어가는 격이다. 미국에서는 공부 이외의 특별활동에 얼마나 많은 시간을 할애했고, 리더로서 자질을 얼마나 갖추었으며, 교양과 정서가 고루 발달했느냐가 학생 선발의 기준이 되기 때문이다.

특별활동은 자신을 차별화할 수 있는 방법이다. 즉 자신을 알리는 수단이 된다. 피아노를 잘하는 것을 알리고 싶으면 꾸준한 활동을 통해서 열정이 있음을 보이고 각종 수상경력으로 재능이 있음을 알려야 한다. 그러므로 남들이 많이 하는 도서관이나 병원 봉사활동보다는 나름대로 계획을 세우는 것도 좋다. 하지만 여러 활동을 하다 보면 시간에 쫓겨 아무 것도 못하는 경우가 생긴다. 그러니 너무 욕심 부리지 말고 몇 개만 선택하여 소속된 팀에서 리더가 된다는 생각으로 임하자. 시간을 안배하는 것도 중요하다. 즉 평소 꾸준히 해야 하는 활동과 대회 중심인 활동으로 나누어 공략해야 한다. 우리아이가 다른 아이들에 비해 많은 활동을 한 것은 아니다. 대부분의 미국 아이들이 특별활동을 다양하게 할 수 있는 것은 우리나라와 달리 학원을 가지 않기 때문이다. 방과 후 3시부터 밤늦게까지 다양한 활동을 하며 자신들이 가진 끼를 마음껏 뽐낼 기회를 갖는다는 것이 우리나라와 다르다.

● IVY리그가 원하는 인재상은 공부벌레가 아니다

나는 여기서 진정한 리더가 되기 위한 7가지 조건을 말할 것이다. 물론 나의 관점에서 생각한 것이며 더 많은 것이 필요할 수도 있다. 이 중에 하나라도 결핍되어 있다면 IVY리그에 진학하기 힘들고 사회에 나와서도 경쟁력이 떨어질 수밖에 없다. 이것은 독일의 화학자 리비히*Liebig*가 말한 최소율의 법칙, 또는 최소양분율의 법칙과 일맥상통한다. 식물이 건강하게 자라기 위해서는 각각 일정한 양 이상의 필수 원소가 필요한데, 만약 어느 하나가 최소량 이하일 때는 다른 원소가 아무리 많아도 정상적으로 생장할 수 없다. 즉 어떤 양분 중에서 최소로 존재하는 원소가 식물의 생장을 결정한다는 이론이다. 사람도 자연의 일부이니 이 법칙에서 예외는 아니라고 생각한다. 단순히 공부만 잘하는 것이 아니라 다양한 문제해결 능력, 인성과 가치관도 균형 있게 갖추고 있어야 한다.

미국의 명문대는 미래 사회를 이끌어갈 지도자를 기르는 데 그 존재 이유가 있다. 그래서 지도자의 소양을 갖춘 아이를 선발하려고 한다. 첫째, 수준 높은 지식을 갖고 있어야 한다. 그러므로 학교성적이 좋아야 한다. GPA(내신 성적) 성적은 학생으로서의 의무를 다했음을 보여주는 것이므로 중요하다. 학교마다 만점이 다르다. 5.0인 경우도 있고 4.0인 경우도 있다. 그것을 토대로 대학에서 다시 계산한다. 어려운 과정(예를 들면 AP 과정)을 많이 이수한 학생을 더 선호한다. 둘째, 팀을 이끌어갈 리더십이 있어야 한다. 각종 특별활동에서 팀을 이끈 경험은 잠재적 지도력을 뒷받침하는 것이므로 매우 중요하다. 그래서 대학들이 농구부, 축구부 등 주장을 선발하는 것이다.

셋째, 비전과 열정이다. 단순히 능력이 뛰어나다고 해서 뽑지는 않는다. 자신이 미래에 걸어가야 할 길이 무엇인지 명확히 알고, 거기에 열정을 쏟을 준비가 되어 있어야 한다. 넷째, 가진 것을 나눌 줄 아는 자를 원한다. 희생정신이 있는 자라면 지도자로서 자격이 있다고 판단한다. 소외된 사람 없이 더불어 사는 사회를 만들수 있어야 진정한 지도자이다. 봉사활동을 통해 서로 나누는 삶을 사는 아이임을 보여줘야 한다. 다섯째, 특별한 재능이 하나쯤 있어야 한다. 사회가 균형적인 발전을 이루려면 각 방면에 재능 있는 자가 필요하다. 명문대는 각 분야에서 탁월한 자를 뽑아 지도자로 길러낸다. 그러므로 자신의 장점이나 재능을 살리는 것이 무엇인지 충분히 고민해야 한다.

여섯째, 어려움을 딛고 일어선 경험이 있어야 한다. 주변 환경이 어렵다고 쉽게 포기한다면 발전이 없다. 명문대는 어려운 환경에도 불구하고 꿋꿋이 자신의 일을 개척하는 것을 지도자의 중요한 자격요건으로 생각한다. 한 예로 프린스턴 대학은 난민촌에서 자란 불법 체류자의 등록금을 전액 지원하며 졸업을 시키기도 했다. 난민촌은 공부할 수 있는 환경이 아니다. 마약이 난무하고 하루하루 생명을 유지하기 위해 아귀다툼이 벌어지는 상황에서도 좋은 성적을 유지한 학생은 명문대가 높이 평가한다. 일곱째, 좌절했을 때 일어설 수 있는 능력을 본다. 실패 없이는 성공도 없다. 에디슨이 백열전구를 발명하기 위해 수만 번의 실패를 극복하지 않았다면 백열전구는 지금 존재하지 않을 것이다. 지도자는 좌절했을 때 일어서는 용기가 절실히 필요하다. 그래서 교사 추천서 항목에도 좌절 이후 학생이 보이는 행동을 적게끔 되어 있다.

IVY리그 대학은 반대로 이런 학생을 싫어한다. 첫째, 공부만 잘하는 학생. 이런 학생은 인간으로서 갖추어야 할 '협동정신'이라는 덕목을 가지고 있지 않다고 생각한다. 더불어 사는 지혜가 먼저인 것이다. 그런 이유로 미국의 교과과정에는 다양한 프로젝트 과제(여러 명의 학생이 오랜 시간을 두고 역할을 나눠 준비하고 발표도 함께 해야 한다)가 있다. 협력해서 공동의 이익을 끌어낼 수 있을 때 사회는 발전한다. 이러한 이유로 전교 1등을 하고서도 합격을 거부당하는 경우가 수두룩하다.

둘째, 거짓말하는 아이도 싫어한다. 하버드대에 수시 합격한 한 중국계 아이는 하지도 않은 특별활동을 한 것처럼 꾸몄다가 불합격 통지서를 받았다. 대단한 특별활동을 중국에서 했다고 한 모양인데 학교 측에서 조사한 결과 거짓임이 드러났다. 그뿐만 아니라 그가 지원한 모든 학교로부터 거절당하도록 하버드대 측에서 조치했다. 이처럼 미국사회는 인재선발에서 도덕성을 최우선의 가치로 삼는다. IVY리그 대학은 공부 이외에도 우리 사회에 기여하고 성숙한 시민으로 살아갈 자질을 갖추고 있는지 꼼꼼히 따진다.

이런 점에서 프린스턴으로 학교를 옮긴 것은 참 잘한 일이다. 아이는 자발적으로 그리고 즐겁게 다양한 분야에서 노력했다. 결코 부모나 선생이 시켜서 억지로 하지 않았다. 역시 인간에게는 환경이 중요하다. 아이는 상상만으로 두려워했던 생각을 떨쳐버리고 더 높은 곳을 향해 비상할 수 있었다. 우리는 남의 일처럼 여기던, 그저 꿈으로만 여기던 일에 한 걸음씩 더 가까이 다가간 것이다.

● IVY 리그는 진취적인 인재상을 원한다

IVY리그로 불리는 명문대는 미국 뿐만 아니라 세계를 이끌어 가는 인재를 배출한다는 데 자부심이 대단하다. 그런데 우리아이는 진취성이 좀 부족했다. 왠지 몰라도 잘할 수 있는 것이 아니면 아예 포기해버렸다. 동네에서 야구를 할 때도 방망이 몇 번 휘두르다 말고 뒷전에 물러나 앉곤 했다. 자기 팀에 피해를 주기 싫다는 이유로 말이다. 그냥 친구들끼리 재미로 하는 것이니 끝까지 해보라고 해도 끝내 말을 듣지 않았다. 자신이 없는 분야에서는 위험을 감수하는 용기가 부족한 것이다.

그러나 어떤 그룹에 속하게 되면 그룹의 최고가 되려는 투지가 강한 아이였다. 그러다 선두를 유지하면 거기에 만족하는 경향이 있다. 나는 아이의 특성을 잘 아는 터라 적절한 시기에 아이의 목표를 한 단계씩 높여주었다. 강원도에서 서울로, 서울에서 미국으로, 하일랜드 파크에서 프리스턴으로 끊임없이 자리를 옮긴 것도 아이의 진취적인 자세를 계속 북돋워주기 위해서였다. 아이가 무작정 진취적이고 적극적이길 바라서는 안 된다. 적당히 새로운 목표와 가능치를 제시해주어 흥미를 느끼게 해야 한다. 지나치게 장기적이고 큰 목표를 제시하여 그들이 지레 겁먹고 포기하는 일이 없도록 말이다.

프린스턴으로 옮긴 지 1년도 지나지 않아 재형이는 과학 올림피아드에서 금상을 받고 전 과목에서 A학점 이상을 받으며 상위 그룹에 입성했다. 특히 교내 신문사 활동은 너무나 열정적이어서 내가 종종 걱정하곤 했다. 신문을 편집하는 날에는 일찍 오면 10시,

어떤 때는 새벽까지 학교에 있다 오는 것이었다. 그리고 그때부터 다시 학과목 숙제며 쪽지시험 공부를 하는 것이 나는 좀 못마땅했다. 활동을 좀 줄이기를 바랐지만 대학에 들어가려면 밴드 활동, 신문사 활동이 다 필요하다며 오히려 나를 설득하려 들었다.

진취성을 강조하는 미국 교육의 영향을 받아서인지 12학년이 되면서부터는 프린스턴 대학에서 1년간 그곳 대학생들과 함께 공부했다. 우리아이는 11학년 때 AP 화학을 마쳤기 때문에 12학년에는 그냥 쉴 수도 있었지만 프린스턴 대학과 연계된 프로그램을 신청하여 고등학교와 대학교를 왔다 갔다 하며 바쁘게 보냈다. 하루에 두 번씩 왔다 갔다 한 적도 있다. 화학 아닌 다른 과목도 많이 있지만 화학을 더 깊이 있게 공부하고 싶어 했다.

그 유명한 프린스턴 대학생과 어깨를 겨루고 싶어 어렵다고 소문난 '유기화학'을 신청하며 의욕을 불태웠다. 이 과목은 Pre-Med(대학생들이 의대 대학원을 가기 위해 수강해야 할 기초의학 과목. 의대를 지원할 학생이라면 반드시 취득해야 한다) 중 한 과목으로 의대 대학원을 준비하는 학생이라면 꼭 들어야 한다. 주로 대학 2학년이 듣는 가장 어려운 과목 중 하나이다. 그래서 AP 점수가 만점(5점)인 자에게만 기회가 주어진다. 시험기간도 다르고 학습량도 많아 힘들었지만 대학공부가 고등학교보다 '10배는 어렵구나' 하고 생각하는 계기가 되었다. 또 실험실에서 대학생들과 함께 실험도 하고 보고서도 작성하며 명문대학이 가까워짐을 느낄 수 있었다. 그 전에는 이 과목을 신청한 학생이 없었는데 우리아이가 무사히 이 과정을 마치자 후배들의 신청이 쇄도했다고 카운슬러는 전했다. 이렇듯 우리아이는 남이 가지 않은 길을 시도해봄으로써 거기서 느끼는 희열을 만끽했다. 재형이는 결코 주어진 길, 안정적인 길만을 택하지 않았다. 이런 경험이 하나 둘 쌓이면서 동양계 학생이라는 콤플렉스를 벗고 당당하게 꿈을 향해 걸어갈 수 있는 자신감을 키워갔다.

이처럼 미국 입시는 한국에 비해 결코 쉽지가 않다. 공부 이외에도 다양한 분야에서 탁월한 능력을 보여줘야 한다. 시험공부는 한국보다 덜 할지 몰라도 잠자는 시간을 줄이며 노력하지 않으면 안 될 일이 한두 가지가 아니다. 한국에서 입시제도에 너무 시달리니 미국으로 떠나볼까 하는 생각을 했다간 낭패 보기 십상이다. 미국은 결코 공부를 싫어하고 의욕 없는 아이들의 도피처가 아니다. 스스로 자신의 목표를 발견하고, 스스로 열정을 불어넣으며 무한경쟁을 하는 곳이 바로 미국이다. 당연히 공부든 인생이든 진취적으로 행동하지 않으면 경쟁에서 밀릴 수밖에 없다.

● 예일! 그 합격의 기쁨

몇몇 학교로부터 합격 통지서는 받아놓았지만 우리 모자는 그것으로는 성에 차지 않았다. 처음과 달리 시간이 지나면서 점점 자신감을 키운 터라 세계적인 명문대학 '빅 쓰리'에 들어가는 것이 우리의 목표가 되었다. 사실 학교 성적이라든지 기타 사항은 꼼꼼히 잘 준비해두었다. 학교 카운슬러도 '걱정 말고 기다려 보라'고 말해 내심 합격할 수도 있을 것이라고 기대하면서도 한편으로는 불안감을 감출 수 없었다.

　그럴 수밖에 없는 것이 우리아이는 외국인의 신분이면서도 교육은 미국에서 받았다. 대학 측에서 이 일을 어떻게 해석할지 모르는 일이다. 미국의 명문대학은 다양성을 선호하여 세계 각국에서 아이들을 선발하지만 그것은 그 문화에서 성장한 경우에 해당되는 것은 아닐까? 오히려 한국에서 직접 지원하는 것이 유리할 수도 있다. 그렇다면 우리에게 유리하다고만은 판단할 수 없는 상황이라 하루하루가 불안한 기다림의 연속이었다.

　미국에 처음 올 때는 명문대학은 먼 나라 이야기라고만 생각했다. 동양의 조그마한 나라에서 유학 온 아이가 영어도 서툴고 생소한 문화에 적응하면서 IVY리그에 진학한다는 것은 흔한 경우는 아니다. 그래서 나는 애당초 IVY리그 대학 합격증을 바라지도 않았다. 그러나 우리 아이를 믿기에 열심히 하면 대학원에서는 반드시 따라잡을 수 있을 거라 기대했다. 당연히 주립대학 정도만 들어가도 성공한 것이라고 생각했다.

　그러나 영어가 점점 늘어 더 이상 장애가 되지 않으면서 아이는 두각을 나타내기 시작했고 목표는 점점 높아졌다. 막연한 것이 아니라 손에 잡힐 듯 가까이에 목표가 다가오고 있었다. 날짜는 점점 다가오고 학교 카운슬러는 지난주에 입학생 최종 사정 작업이 있었다는 말을 해주었다. 이번 주에는 무슨 소식이 오리라 생각하며 노심초사 기다리고 있었다. 마음이 불안해 근처 강가를 거닐다 벤치에 앉아 멍하니 넋을 놓은 적도 많았다.

　운명의 그날은 화창한 봄날이었다. 나는 그날 오후 수업이 있어 학교로 향하면서 우편함을 열어보았다. 우리아이 말에 의하면 합격이면 큰 봉투, 불합격이면 작은 봉투가 온다고 했다. 큰 봉투에는 입학신청에 필요한 여러 가지 서류를 넣다보니 그렇다는 것이다. 그래서인지 지난밤 꿈에 누런 큰 봉투를 보기도 했다. 떨리는 가슴으로 꿈이 현실이기를 바라며 우편함 뚜껑을 열었다. 텅 빈 우편함만큼이나 내 가슴도 공허했다. '또 개꿈인가?' 학교로 향했다. 수업을 마치고 현관으로 들어서면서 재형이가 통화하는 소리를 들었다. 친구들과의 대화로 짐작컨대 무슨 좋은 일이 있나보다 했다. 신을 벗고 들어서니 "엄마! 합격이에요. 그것도 예일!" 하며 달려드는 통에 나와 아이는 카펫도 깔리지 않은 마룻바닥에 나뒹굴었다. 아이는 다시 벌떡 일어나 두 손을 상기된 얼굴에 갖다대며 정말 믿기지 않는다는 말만 되풀이했다. 그리고 나에게 큰 봉투를 내밀었다. 어젯밤 꿈에 본 누런색은 아니었지만 '예일'이라는 로고가 선명하게 새겨진 하얀 봉투였다.

합격 봉투를 보고 나서 부둥켜안고 폴짝폴짝 뛰다가 울다가 웃기를 계속했다. 뭐라고 해야 할까, 정말 좋아서 죽을 지경이었다. 아이는 자기 팔을 꼬집어보란다. 드라마에서나 본 것 같은 장면을 연출하며 아이의 팔도 꼬집어보고 합격의 기쁨을 만끽했다. 좀 진정이 되자 빨리 한국에 연락해야 한다는 생각을 했는데 일요일 아침 이른 시간이라 망설였다. 하지만 아이를 시켜 전화했다. 그날은 친정아버지 생신이라 남편은 대구에 내려가 있었다. 남편은 '고맙고 가슴이 저민다'는 말만 되풀이하며 길게 말을 잇지 못했다. 친정아버지에게도 좋은 생신 선물이 된 셈이었다.

그날 저녁 청소년 예배가 있어 교회로 달려가 이 소식을 알렸다. 모두가 진정으로 기뻐하며 합격을 축하해주었다. 우리는 흔히 좋은 일이 있으면 '밥 안 먹어도 배부르다'라는 말을 잘한다.

소설 속에서나 읽어본 말이지만, 나는 정말 하루 종일 그런 기분이었다. 그 다음 날은 학교 갔다 오는 길에 길을 잃었다. 너무 좋은 일에도 넋이 나가나 보다. 나는 일주일 이상을 구름 위를 걷는 양 취해 있었다. 교통경찰에게 벌금을 떼이고 나서야 원래 생활로 돌아올 수 있었다.

치열하게 목표를 향해 달려온 결과 그 목표를 이루었고 나와 재형이가 무척 자랑스러웠다. 열다섯 살 사춘기 소년을 이끌고 미국 땅에 온 것이 무모함이 아닌 '진정한 용기'였다고 입증한 순간이었다. 아이에게 기회를 주고 격려와 칭찬을 아끼지 않으며 언제나 한 목소리를 낸 우리 부부의 일관성 있는 태도가 맺은 결실이었다. 눈물을 삼키며 최선을 다한 아이와 우리 가족 모두가 함께 이루어낸 것이며 한국에서 잘 버텨준 남편이 무척 고마웠다.

그러나 이제부터가 진짜 시작이다. 나는 다시 한국으로 돌아갈 것이고 재형이는 미국에 남아 인생의 비전을 향해 한 걸음씩 걸어 나가야 한다. 아직 갈 길이 멀다. 재형이가 원하는 삶을 살고 사회에 기여하기 위해서는 어쩌면 지금까지보다 더 치열하게 살아야 할 것이다. 하지만 나는 재형이가 그 험난한 길을 슬기롭고 즐겁게 헤쳐 나갈 것을 믿는다. 지금까지 그랬던 것처럼 말이다. 이제 재형이는 이 세상에 꼭 필요한 존재가 되기 위해 화려한 비상을 시작한 것이다.

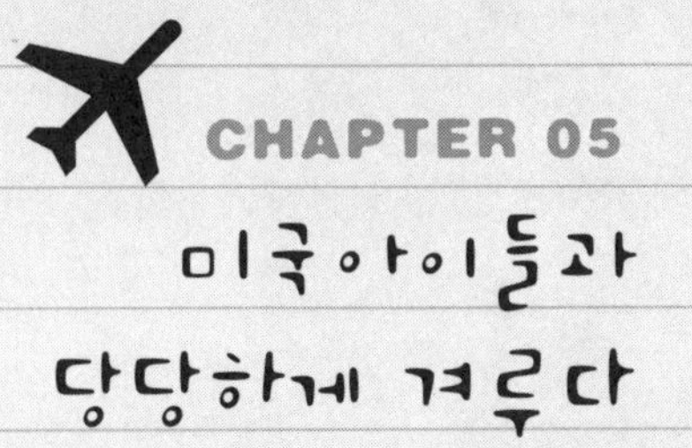

미국아이들과 당당하게 겨루다

미국아이들과 당당하게 겨루다

*이 장은 류재형 군이 직접 썼습니다.

● 미국에서 친구 사귀기

대학입시에서 학교 공부는 매우 중요하다. 하지만 인종과 언어, 문화가 다른 땅에서 공부하려면 새로운 문화에 적응하고 친구를 사귀는 것도 매우 중요하다. 특히 친구 사귀기의 중요성은 최근 버지니아 공대(Virginia Tech)에서 일어난 안타까운 사건이 증명해준다. 한 학생의 총기난사로 인해 버지니아 공대에서 서른 명이 넘게 세상을 떠났다. 그런데 우리가 주목해야 할 점은 참상 자체의 비극성이 아니라 왜 그런 일이 일어났는가 하는 것이다. 그 학생의 생활을 조사해본 결과 친구도 별로 없고 말도 잘 하지 않았으며 특히 다른 학생들에 대한 적개심이 심했던 것으로 드러났다. 그가 죽기 전에 남긴 비디오를 보면 그는 다른 학생들 의 생활, 특히 부자 학생들의 사치스러움과 방탕함을 지적하며 분노에 가까운 심정을 내비친다. 안타깝게도 그는 친구들과 진정 한 교류를 하지 못했고 진심에서 우러난 친구를 사귀지 못했던 것이다!

미국에서 우리나라 교민들은 힘들지만 열심히 살고 있다. 노동 직에 종사하는 교민들이 대부분이고 많은 교민들이 세탁소나 델 리 가게(출근길 직장인을 대상으로 샌드위치, 커피, 음료 등을 판다)로 생계를 유지한다. 조금이라도 더 나은 삶을 위해서 밤낮을 가리 지 않고 공휴일에도 일하면서 부지런하게 사는 모습을 곳곳에서 볼 수 있다. 아마 그 학생의 부모님도 그러 했을 것이다. 그런 부 지런함의 결과로 아들과 딸을 모두 버지니아 공대 그리고 프린스 턴 같은 명문대로 진학시키지 않았을까? 그런데 여기서 유심히 볼 것은 우리나라와 미국의 문화 차이가 꽤나 심하다는 것이다.

무엇보다 미국 학교에서는 폭력을 무조건 싫어한다는 것이다. 우리나라에서는 남학생끼리 싸움질하는 것을 자연스럽게 생각 하는 경향이 있는데, 미국에서는 절대로 용납되지 않는다. 선생 님이나 부모도 아이들에게 손을 대지 않는다. 미국 학생들 중에 도 새로 온 전학생을 괴롭히는 친구가 꼭 한둘 씩 있는데 절대 폭 력으로 대응해서는 안 된다. 아무리 시비를 건 쪽에 잘못이 있을 지라도 결국엔 주먹을 먼저 날린 쪽이 불리하고 죄를 다 뒤집어 쓰기도 한다.

내가 미국에 와서 처음 등록한 학교는 뉴저지에 있는 하일랜드 파크라는 작은 마을의 중학교였다. 내가 오기 전 한국인 교수 가족이 있었는데, 그 가족의 둘째아이가 학교에 들어간 지 며칠도 안 되어 다른 아이와 싸움이 붙었다고 한다. 그 때문에 부모님이 학교에 가야 했고 결국 그 아이는 며칠 동안 정학 처분을 받았다.

만약 이런 경우가 생긴다면 첫째, 말로 대응하는 수밖에 없다. 그러나 미국에서도 고자질하는 아이는 모두의 적으로 간주되므로 선생님께 이르는 일도 되도록 피하자. 무엇보다 시간이 지나면 대부분의 학생들이 전학생을 친구로 인정하고 받아들이는 편이다. 그 잠깐의 시간만 잘 지나면 친구도 잘 사귈 수 있다. 이것은 비단 미국의 문제가 아니라 한국에서도 마찬가지다. 새로 전학 온 학생에게는 누구나 경계심을 품기 마련이다. 그러니 타국에서 온 다른 피부의 아이에게는 오죽하겠는가? 사람들과 친해지는 데는 시간이 필요하다. 처음부터 그들이 자신에게 환호할 이유는 없다. 서로 탐색하는 시간인 만큼 그 기간동안 문제를 일으키지 않고 견디는 것이 최선이다.

둘째, 각자의 사생활을 존중할 필요가 있다. 우리나라에서는 타인들의 생활에 관심을 가져주는 것이 일종의 예의다. 미국도 물론 다른 사람들의 생활에 관심을 가져주면 좋아할 수도 있다. 하지만 염두에 둘 것은 사생활에 간섭을 한다는 느낌을 줘서는 안 된다는 것이다. 미국은 타인의 사생활을 절대적으로 존중하는 분위기이기 때문에 조심할 필요가 있다. 많은 이들이 이미 알고 있겠지만 미국에서는 부모님은 뭐 하시느냐, 월급이 얼마나 되느냐 같은 개인적인 질문은 하지 않는 것이 예의다. 그러니 친구들의 사생활은 철저히 존중해주자.

셋째, 실수를 두려워하지 말고 먼저 말을 건네자. 처음 보는 사람에게 선뜻 접근하는 사람은 그리 많지 않다. 그렇다면 그들에게 낯선 사람인 내가 먼저 접근하여 친근하게 대하면 되지 않겠는가? 물론 영어에 자신이 없다면 선뜻 행하기 어려운 일이다. 그러나 비영어권 학생이 영어를 쓰면 실수는 당연히 할 것이고 그런 과정을 통해 더 익숙해지는 법이다. 그런 과정이 없으면 미국에서 10년을 살아도 원어민처럼 말할 수 없다. 나도 처음 몇 달은 실수를 많이 해 부끄러울 때도 많았다. 하지만 그러지 않고서는 결코 친구를 사귈 수 없다. 결코 콤플렉스를 느껴서는 안 된다.

한번은 '껌을 좀 달라'고 말하면서 껌을 "a gum"이라고 했다. 그런데 물질명사 앞에 관사(a)를 썼다고 한동안 놀림을 받은 적도 있다. 그땐 무슨 소리인지도 몰라 신경을 쓰지 않았다. 만약 발끈했더라면 친구는커녕 농담도 못 받아들이는, 그야말로 '밴댕이 속' 취급을 받았을 것이다. 무엇보다 영어에 관한 실수는 자연스럽게 받아들일 필요가 있다. 영어는 우리나라 말과 달리 불규칙적이고 어려운 언어이기 때문에 모국어로 배우지 않는 한 실수가 잦을 수밖에 없다. 특히 관사는 우리나라 말에 없기 때문에 더욱 더 어렵다. 이런 실수를 두려워하지 말고 먼저 인사를 청하고 말을 건네자.

넷째, 친구 사이의 차이점보다는 공통점을 찾자. 사람은 자신과 비슷한 사람에게 끌리는 법이다. 비슷한 점이 많을수록 대화거리나 공유할 수 있는 부분이 늘어나기 때문이다. 자기 자신과 비슷한 점을 찾으려고 노력하고 그 부분에 더 집중한다면 다른 학생들과 더 잘 어울릴 수 있다. 공감대란 사람 사이의 유대감을 강화하기 때문이다. 아무리 낯선 땅이나 사람이라 해도 나 자신과 비슷한 점을 찾으려고 노력하면 보인다. 비슷한 점을 찾고 그것을 바탕으로 친구들이 경계심을 풀도록 유도하자.

마지막으로는 나의 잣대로 다른 이들을 비교하지 말고 다른 점은 서로 인정하자. 미국은 우리나라 문화와 다른 점이 한둘이 아니다. 그렇기에 많은 한국학생들이 문화충격(Cultural Shock)을 느끼는데, 그것을 해소하기 위해서는 문화적 차이를 인정하는 수밖에 없다. 아무리 세계화로 인해 모든 국가들이 서로 가까워진다지만 타고난 차이점은 어쩔 수 없다. 그런 차이점을 나의 관점에서 비판하거나 폄하하지 말자. 그렇다고 우리 고유의 문화나 생활방식을 버려야 한다는 것은 아니다. 단순히 그들의 생활방식이 나의 생활방식과 다르다고 이해하는 것, 그것만으로도 충분하다.

지금 되돌아보면 이 다섯 가지를 지켰기 때문에 나도 적응을 비교적 쉽게 할 수 있었다. 인종차별에 대해선 특별히 할 말이 없다. 내가 순진한 탓인지는 몰라도 학교를 다니면서도 인종차별을 겪은 기억이 별로 없다. 그렇다고 미국에 이제 인종차별이 없는 것은 아니다. 분명 존재한다. 하지만 모든 미국인 특히 백인들이 동양인을 낮춰본다는 선입견은 버리길 바란다. 미국에는 다양한 인종이 모여 살기 때문에 그들은 오히려 다른 인종을 자연스럽게 받아들이기도 한다. 그러니 아무리 실수하고 부끄러워도 주눅 들거나 자신 없게 행동하지 말자. 당당한 사람은 그 누구도 무시하지 못한다.

무엇보다 친구사귀기를 등한시하지 말자. 물론 공부도 중요하

지만 친구들과 밤에 놀거나 파티를 갈 기회가 있으면 빠지지 않
아야 한다. 교실에서만 친구를 사귈 수는 없지 않은가? 그들과 함
께 이야기하고 공유할 뭔가가 있어야 친구가 되는 것이다. 그저
학교에 오며가며 인사한다고 해서 친구가 되는 것은 아니니까.
공부를 소홀히 하지 않는 선에서 친구를 널리 그리고 깊게 사귀
는 노력이 필요하다.

● **문제는 영어다!**

　미국에 도착해서 등록한 학교는 하일랜드 파크 중학교였다.
미국은 학기가 가을에 시작하기 때문에 한국에서 중학교 2학년
과정을 모두 마쳤지만 다시 8학년에 들어갔다. 그때는 마침 8학
년 전 학년이 몇 개월을 거쳐 준비한 가상재판 프로젝트가 절정
에 달해 있었다. 난 미국에 온 지 얼마 되지 않아 참여하진 못했
지만 재판을 관람할 수 있었다. 그런데 무슨 웃긴 일이 있었는지
아이들이 모두 갑자기 웃기 시작했다. 나만 멀뚱멀뚱 있자니 무
안하고 혹시 다른 아이들이 날 보고 영어를 못 알아듣는다고 비
웃을까봐 나도 따라 웃기 시작했다. 그러자 갑자기 옆에 있던 아
이가 날 툭 치더니 묻는다. "Why is everyone laughing?"(왜 다
들 웃는 거니?) 나는 당황스러웠다. 그 아이는 웃는 이유를 묻고
있었지만 나는 뭐라 할 말이 없었다. 어쩔 수 없이 얼떨결에 이렇
게 대답했다. "I don't know."(나도 몰라) 그 아이는 내가 왜 웃
는지, 내가 약간 돌았다는 식으로 쳐다봤다. 얼굴이 화끈 달아올

랐다. 아직도 친구들이 왜 웃었는지 잘 모르겠다.

그렇게 시작한 학교생활이었다. 역시 가장 어려웠던 과목은 영어였다. 물론 영어를 전혀 모르고 미국에 무작정 온 것은 아니었고 딴에는 영어를 할 줄 안다고 생각했는데 천만의 말씀이었다. 일상적인 대화는 대충 되는 것 같았지만 역시 영어수업은 따라가기 어려웠다. 특히 어휘능력이 많이 부족했다. 그런데 영어 문제는 영어 과목에서만 끝나는 것이 아니었다. 사회와 과학도 영향을 받았는데 이는 용어들이 많이 생소했기 때문이었다. 사회과목도 신문기사 같은 것들을 읽어야 했는데 그 당시엔 어려웠던 단어들이 많았다.

영어는 물론이고 모든 과목을 잘하려면 한 가지 방법밖에 없다. 어휘력을 향상시키기 위해선 일상 속에서 반복하는 것이 최선이다. 나는 조그만 수첩에 단어와 중요한 의미를 적어 외우는 방법을 택했다. 그리고 때와 장소를 가리지 않고 여러 번 반복하여 외웠다. 이렇게 하면 나중에 쉽게 잊어버리지 않는다. 무엇보다 나는 외운 단어들을 잊지 않기 위해서 학교 과제나 에세이(작문), 평소에 쓰는 일기에 그것을 활용하는 습관을 들였다. 암기한 단어를 평소에 쓰는 버릇을 들이면 훨씬 쉬워지는 법이다. 하루에 많은 단어를 외우려 하기보다는 한 단어를 외워도 정확히 그리고 확실히 외우는 편이 좋다. 그리고 단어를 외울 때도 영영사전을 같이 봤다. 우리나라 말로는 그 의미가 똑같다 할지라도 쓰이는 용도와 뉘앙스가 다를 수 있기 때문이다.

그래도 성적은 원하는 만큼 나오지 않았다. 나의 에세이는 미국 아이들의 섬세함에 비해 떨어질 수밖에 없었다. 무엇보다 영어수업 방식이 우리나라와 많이 달랐다. 우리나라와 달리 공통으로 쓰는 교과서 없이 보통 유명한 소설책을 읽고 분석하고 거기서 나오는 어려운 단어들을 공부하는 것이 일반적인 수업방식이다. 분석은 토론으로 이루어지는데, 난 대부분 한 마디도 할 수 없었다. 이렇게 낯선 환경에서 성적을 유지하려고 하니 질로는 승부할 수 없겠다는 결론이 섰다. 그래서 학습량이라도 늘려 어떻게든 성적을 유지하기로 했다.

내가 처음 학교에 갔을 땐 'Battle of the Books'란 프로젝트를 하고 있었다. 대개 3개월이나 걸리는 긴 프로젝트이다. 우선 책 10권이 선정되었는데 책 숫자는 마음대로 정할 수 있었다. 읽은 책에 한해서 독후감을 써야 했고 그리고 세 권의 내용에 대한 짧은 문답을 만들어야 했다. 어차피 나의 작문 수준이 낮았기 때문에, 책의 권수도 성적에 포함된다고 해서 무조건 책만 읽어댔다. 물론 독후감도 썼지만 뭐라고 썼는지도 모를 정도였다. 영어선생님이 문법도 틀리고 유치한 문장들로 가득한 독후감을 읽으며 웃지 않으셨을까….

내가 왔을 땐 그 프로젝트가 한 달밖에 남질 않아 다른 아이들에 비해 시간이 매우 부족했다. 그러나 미국에 오자마자 영어도 A를 받겠다는 열정으로 밤을 새워가며 10권을 그 한 달 남짓한 기간에 모두 읽었다. 10권을 모두 읽은 아이는 나 외에 두세 명밖에 없었다. 그렇게 하지 않고서는 성적이 도저히 나올 것 같지 않았다. 그렇게 고생해서 받은 성적은 B⁺였다. 즉 남들보다 더 많은 시간과 노력을 투자하는 것이 내가 택한 최선의 전략인 셈이었다.

영어 같은 과목은 책과 신문을 꾸준히 그리고 많이 읽는 것이 중요하다. 그리고 책이나 신문을 읽으면서 모르는 단어나 숙어에 밑줄을 그어가면서 읽자. 읽되 단어를 중간에 찾는 것은 피하는 것이 좋다. 글의 흐름을 깨기 때문이다. 신문기사나 그 책의 단원을 다 읽은 후 반드시 단어를 찾아서 외워야 하고 그 의미를 더 분명히 알고 넘어가야 한다. 단어를 무조건 외우는 것도 중요하지만 그 단어가 어떻게 쓰이는지 유심히 살피는 것을 잊지 말자. 우리나라 말로는 전혀 문제없는 문장이 영어로는 어색하고 이상할 수 있기 때문이다.

그렇게 끊임없는 노력을 한 끝에 가까스로 B$^+$ 밑으로 내려가는 걸 피할 수 있었다. 그리고 그렇게 공부해 고등학교에 올라갔다. 다른 과목들은 비교적 다 잘한 덕분에 가능한 과목에선 모두 Honors반(우수반)에 들어갈 수 있었다. 미국은 우리나라와 달리 그 과목에 뛰어난 아이들을 따로 모아 반을 편성한다. 보통 Honors나 Accelerated(우수반과 같은 의미이며 학교마다 명칭이 다르다)라고 따로 분류되는데 이런 반은 보통 반보다 진도가 빠르고 좀더 어렵게 가르친다. 미국에서 명문 대학을 겨냥하는 학생들은 이런 Honors나 Accelerated반에 들어가야 한다. 이런 반에서 B를 받는 것이 보통 반에서 A를 받는 것보다 낫다. 이는 그 학생이 도전의식이 강하고 도전을 받아들일 능력이 있음을 평가하는 근거가 되기 때문이다.

9학년 때 들은 수업은 다음과 같다.

1) English 9 Honors (9학년 영어 Honors)

2) Algebra II Honors (대수학 II Honors)

3) Biology I Honors (생물 I Honors)

4) World History & Cultures (세계사/문화)

5) Spanish I (스페인어 I)

6) Concert Band (학교 밴드)

7) Technology of Today and Tomorrow (기술)

　여기서 유심히 살펴볼 것은 English 9 Honors이다. 솔직히 지금 생각해도 영어 Honors는 나에게 역부족인 수업이었다. 겨우 4개월 밖에 미국 학교를 다니지 않았고 영어 작문의 개념도 없는 나에겐 힘들었다. 하지만 9학년 시간표를 짜기 전에 8학년 영어 선생님께서 날 따로 불러 한 상담이 큰 힘이 되었고 Honors를 듣기로 결정한 계기였다. 짧은 기간에 책 10권을 소화한 부지런함이라면 Honors도 큰 문제는 없을 거라고 선생님은 말씀하셨다. 그리하여 비록 내 8학년 영어성적은 평균 B였지만 9학년 영어 Honors를 들을 수 있었다. 나는 누구보다 부지런히 열정적으로 영어수업에 참여했다. 그 때문일까. 2학기말엔 온 지 얼마 되지도 않은 내가 '가장 책임감 있는 아이'와 '내년에 같이 영어를 듣고 싶은 아이'로 뽑혔다. 물론 대단한 상은 아니였지만 나는 미국 아이들 사이에서 인정받은 것 같아 기뻤다.

● IVY리그가 원하는 특별활동

이젠 누구나 알고 있듯이 IVY리그뿐만 아니라 미국의 손꼽히
는 명문대는 공부만 잘하는 학생을 원하지 않는다. 미국의 대학
들은 좋은 성적을 유지하면서도 운동이나 음악, 교내 학생신문
같은 특별활동을 꾸준히 해온 학생을 좋아한다. 신문을 만들면서
글쓰기 능력을 늘리고 세상을 보는 안목을 기르는 것도 공부, 음
악을 통해 즐기는 마음을 갖는 것도 공부, 그리고 운동을 통해 페
어플레이 정신, 스포츠맨십, 체력을 키우는 것도 모두 공부라고
생각하기 때문이다. 이런 것들은 책상에 앉아서는 절대로 기를
수 없기에 미국에선 특별활동도 평가의 대상으로 삼는다.

무엇보다 특별활동은 공부에 시달릴 때 좋은 휴식시간을 제공
한다. 특별활동은 스트레스 해소에 많은 도움이 된다. 그러나 모
든 특별활동이 유익한 것은 아니다. 무엇보다 나 자신이 즐길 수
있는 특별활동을 택하는 것이 중요하다. 특별활동은 억지로 하
는 것이 아니라 즐길 수 있어야 오래할 수 있다. 특히 대학은 특
별활동의 숫자나 무슨 특별활동을 했는가보다는 얼마나 오랫동
안 꾸준히 했느냐를 중요하게 생각한다. 한 분야에서 오래 할수
록 그 분야에 정통하고 리더십도 기를 수 있다고 생각하기 때문
이다. 그래서 더욱 즐길 수 있는 분야의 특별활동을 하라는 것이
다. 무엇보다 미국 대학입시처가 억지로 한 운동이나 활동을 모
를 리 없다.

나는 9학년이나 10학년 때 시작한 특별활동을 꾸준히 해왔다.
9학년 때는 프린스턴 고등학교 (Princeton High School)로 전학하

면서 교내 학생신문만 만들었지만 10학년 때는 학교대표로 재즈 밴드와 과학 올림피아드에 참여할 수 있었다.

학생신문(The Tower)　미국 고등학교에선 한국과 달리 특별활동을 할 시간이 많다. 그래서인지 미국이라고 해서 시간이 남아도는 게 아니다. 한국 학생들이 중간고사, 기말고사, 수능시험 공부할 동안 미국 학생들은 숙제나 공부 외에도 클럽활동과 운동으로 시간을 보낸다. 난 여러 활동 중 학생신문에 가장 많은 시간을 보냈다. 프린스턴 고등학교의 신문은 '타워(The Tower)'라고 불린다. 이제 79주년을 맞이한 이 신문은 학생들이 모두 운영한다. 물론 어드바이저 *Adviser*는 있지만 신문 내용을 비롯해 편집장 선출, 인쇄 스케줄, 광고 및 구독 등 모든 운영이 학생들의 몫이다.

나는 2003년 2월에 프린스턴 고등학교로 전학 간 뒤 타워에 참여했다. 그때는 물론 작문에 대한 뚜렷한 개념도 없었다. 그저 한국에 있을 때부터 글쓰기를 좋아했고 윤중 중학교에서 교지편집부를 한 경험을 바탕으로 신문에 참여하기로 했다. 영어로 재밌게 혹은 설득력 있게 글을 쓸 자신이 없어 우선 뉴스 섹션에 들었다.

물론 처음엔 기사 쓰는 것도 어려웠다. 나는 타워의 모든 기사를 읽어보고 어떻게 구성되어 있는지 어떤 문체로 쓰는지 분석할 수밖에 없었다. 무엇보다 매달 신문 제작 맨 마지막 과정까지 남아 신문에 대한 나의 열정을 편집장들에게 보여줬다. 마침내 나는 2004년(10학년)에 뉴스섹션 편집장이 되었다. 그리고 2005년(11학년)에는 전체 편집장(Editor-in-Chief)과 함께 고등편집장(Senior Editors)이 되었다. 고등편집장에게는 신문의 모든 일을 책임지며 그 다음해의 고등편집장을 임명하는 중요한 임무가 주어진다. 이런 리더의 자리에서 다른 친구들과 같이 우정도 쌓으며 일하는 것을 배웠고, 교장선생님을 비롯하여 다른 어른들과 대등한 위치에서 교류하는 법도 배웠다.

무엇보다도 신문사 활동으로 나의 글쓰기 실력은 부쩍 늘었다. 글을 자주 쓰면서 다듬고 편집하는 것도 배웠고, 다른 친구나 편집장들의 도움으로 영어 글쓰기가 훨씬 수월해졌다. 미국에선 글로 자신의 생각과 느낌을 표현하는 것을 아주 중요히 여긴다. 미국 대학들이 에세이를 요구하는 것도 같은 이유이다. 그 때문에 신문사 활동은 나에게 아주 소중한 경험이었다. 그리고 여기서 중요한 것은 내가 4년 동안 꾸준히 신문사 활동을 했다는 것이다. 그 때문에 편집장도 될 수 있었다. 내가 신문을 즐겼기 때문에 그렇게 꾸준히 할 수 있었고, 예일대도 나의 열정과 끈기를 높이 평가했다고 생각한다.

여기서 4년 동안 나의 승부욕을 불태우게 만든 일을 소개하고자 한다. 뉴스섹션에서 일하는 동안 같이 경쟁했던 인도인 친구가 하나 있다. 한번은 체육시간에 배드민턴을 같이 하고 있었다. 무슨 상황인지는 몰라도 인도애가 더 이상 반박할 말이 없었는지 나에게 이 말을 휙 내뱉었다. "나는 그래도 영어를 제대로 하지." 그 전에도 내가 실수를 할 때마다 그는 비웃는 듯한 표정을 짓곤 했는데 이렇게 치사하게 나오니 내가 더 할 말이 없었다. 그 일이 있은 후 한번은 아주 가까운 친구와 함께 이런 저런 얘기를 하다가 너무 설움이 북받쳐 펑펑 운 적도 있다. 누군가가 동양인들이 영어를 못하는 흉내를 내거나 실수를 비웃으면 난 아직도 알레르기 반응을 일으킨다. 하지만 그 당시 다짐한 것이 내가 이기고 말 겠다는 승부욕이었다. 무엇보다도 한국에 계신 아버지나 힘든 공부를 하시는 어머니를 배신할 수 없었다. 이런 승부욕이 신문사 활동에 몰입케 하는 요인인 되었다.

과학 올림피아드 팀　10학년 때부터 과학 올림피아드 팀(Science Olympiad Team/Science Bowl Team)에서 활동했다. 매년 프린스턴 고등학교는 미국 과학 올림피아드에 출전했다. 주에서 1위를 차지한 학교가 전국대회에 출전할 수 있다(캘리포니아나 뉴욕 같은 큰 주는 2위 학교 혹은 3위 학교도 참가할 수 있다). 모두 23개 종목이 있는데 간단한 유전학(Genetics) 시험부터 여러 임무를 수행하는 로봇을 만드는 것까지 여러 가지 이벤트로 구성되어 있다.

나는 주로 만들기보다 시험에 참가하여 많은 상을 받았는데 10학년 때는 뉴저지 주 대회 세포학(Cell Biology)이라는 이벤트에서 1등을 했다. 그 전부터 생물을 열심히 한 터라 도움이 많이 된 것 같다. 11학년에는 생물 파트의 책임을 지게 되었고 생물 이벤트에 누가 출전할지 정하기도 했다. 그런데 참여자가 적어 내가 여러 이벤트에 나가야 했다. 특유의 승부욕 덕분에 유전학(이벤트 이름은 Designer Genes), 병리학(Epidemiology, 이벤트의 이름은 Disease Detectives), 그리고 해부생리학(Anatomy & Physiology, 이벤트의 이름은 Health Science) 등 세 가지 분야에서 1위를 할 수 있었다. 12학년 때도 계속 참여하여 세 이벤트에서 2위, 3위, 4위를 차지했다.

물론 이런 상도 대학입시에 힘이 된다. 그러나 이 대회에 참가하면서 무엇보다도 화학 선생님과 친해진 것이 나에겐 큰 도움이 됐다. 결국엔 그 화학 선생님께서 대학 추천서도 써주셨다. 나의 열정, 승부욕, 그리고 부지런함을 추천서에 써주실 최적임자라 부탁을 드렸던 것이다.

병원 자원봉사　난 대학준비에 필요한 정보를 선배들을 통해 많이 접했다. 그 중에는 봉사활동이 필수란 말도 있었다. 그래서 근처 병원에서 봉사활동을 시작했다. 거의 600시간 가깝게 했는데 지금 생각하면 이건 좀 미련했던 것 같다. 우선 이 봉사활동이 내 입시에 얼마나 영향을 끼쳤는지는 모르겠지만 없어도 그만이었을 것 같다. 600시간 동안 근처 병원에서 봉사하는 것은 아무것도 아닐 수 있다. 무엇보다도 프린스턴 고등학교 외에도 근처에 있는 여러 고등학교 학생들이 그 병원에서 봉사활동을 했기 때문에 그다지 눈에 띄지 않았을 것이다. 지금 생각하면 차라리 적십자 같은 기관에서 봉사하는 것이 다른 학생들과 좀더 차별화하는 방법이라고 생각한다.

프린스턴 고등학교를 졸업하기 위해선 적어도 50시간 동안 봉사활동을 해야 한다. 그만큼 봉사활동은 보편화되어 있고 제대로 하지 않을 봉사활동은 안 하느니만 못하다. 특히 병원, 도서관 봉사활동은 너무나도 많은 학생들이 하기 때문에 똑같은 시간을 투자해도 차별화되지 않는다. 하지만 입시를 위해 봉사활동을 해야 한다는 사고방식을 먼저 버려야 한다. 봉사활동을 통해 대학이 평가하고자 하는 것은 한 사람의 시민으로서 마땅히 해야 할 임무에 대한 태도, 자신이 가진 것을 더불어 나눈다는 공동체 정신이다. 때문에 대학입시라는 목적만을 위해 봉사활동을 해서는 안 된다.

재즈 밴드(Princeton High School Studio Band)　미국에서 좋은 대학을 들어가려면 악기를 해야 한다고 들었다. 그래서 하일랜드 파크 고등학교 밴드에 참여하려 했는데 아쉽게도 거기엔 오케스트라가 없어 바이올린을 계속할 수 없었다. 그래서 새로 악기를 배워야 했는데 밴드 선생님은 두 가지 악기 중 하나를 선택하라고 했다. 트럼본 아니면 오보에. 솔직히 그때 난 그 두 악기가 어떻게 생겼는지도 몰랐다. 아는 악기라곤 바이올린, 비올라, 피아노 정도가 전부였다. 트롬본이 더 쉽다는 밴드 선생님의 권유로 트럼본을 하기로 했다. 그런데 이게 웬일인가? 선생님이 빌려준 악기는 그동안 무심코 봤던 크고 길쭉한 금관악기가 아닌가. 그렇게 시작한 트럼본을 4년 넘게 하고 있다. 예일대에서도 여러 밴드에서 연주하고 있다. 물론 프린스턴 고등학교에서도 4년 동안 계속 했다. IVY리그를 비롯한 많은 미국 대학들은 하나를 해도 꾸준히 한 학생을 좋아한다.

하일랜드 파크와는 달리 프린스턴엔 클래식 음악을 연주하는 밴드가 없어서 대신 여러 등급의 재즈 밴드 중 가장 낮은 등급인 Tiger Band에 배정됐다. 그때 선생님은 날 따로 불러 7시 반쯤에 다시 밴드실로 오라고 하셨다. 가보니 Studio Band가 리허설을 하고 있었는데 그날 들은 Studio Band의 연주는 단숨에 나를 사로잡고 말았다. 거의 완벽에 가까운 실력이었다. 악기엔 별 흥미도 없고 연습도 잘하지 않았던 나는 처음으로 매일 트럼본 연습을 하기 시작했다.

트럼본 같은 금관악기는 현악기와 달리 오래 연주하기 힘들다. 막 시작한 터라 1시간만 하면 입술이 부르트기 십상이었다. 트럼본은 초보자가 연주하면 참 듣기 싫은 소리가 난다. 어머니도 맨 처음엔 무슨 이런 악기를 선택했냐며 핀잔을 주셨다. 이웃집에서도 좋아할 리가 없었다. 하루는 학교에서 늦게 와 7시 반쯤 연습을 하고 있었는데 결국에 참지 못한 이웃이 닥치라며 꽥 소리를 질렀다. 그래서 그 다음부턴 지하실에서 연습하기도 했다. 그래도 매일 연습을 하니 눈에 띄게 실력이 늘기 시작했다. 물론 난 음악으로 성공하기엔 늦었기 때문에 그다지 열정적이지 않았다. 하지만 그 Studio Band에 들어가겠단 의지 하나로 악기 연습을 매일 꾸준히 한 것이다. 그 덕분에 다른 아이들을 제치고 10학년 때에는 Studio Band에 들어갈 수 있었다. Studio Band는 그 후로 캐나다, 보스턴 등 여러 대회에 출전해 많은 상을 받았다.

● 선택과 집중으로 시간을 효율적으로 쓰자

IVY리그 같은 명문대는 시간관리를 철저히 하는 학생을 좋아한다. 공부 외에 학교에서 해야 할 일이 한둘이 아니기 때문에 방과 후, 주말, 그리고 여름방학도 알차게 보내야 한다.

방과 후 방과 후 시간은 대부분 특별활동이 차지한다. 특히 운동을 한다면 연습이 매일 있기 마련이고 시즌이 시작되면 시합이 거의 매일같이 있다. 그렇기 때문에 미국에선 방과 후 활동으로 무엇을 할지 걱정하지 않아도 된다. 방과 후에 특별활동이 많이 배정되어 있기 때문에 한 분야에서 꾸준히 한다면 시간을 헛되이 보내는 일은 드물다. 미국에선 학교 수업이 대부분 3시 정도면 끝난다. 고등학교에도 우리나라처럼 보충학습이나 야간 자율학습이 없기 때문에 방과 후 특별활동이 끝나면 집에서 숙제를 하는 것이 보통이다.

그러나 특별활동에 어느 정도 끈기와 열정을 쏟느냐에 따라 시간이 부족할 수도 있다. 학교신문을 만들 때는 11~12시 정도에 집에 오는 경우가 많았고, 숙제를 마치고 새벽 2~3시에 잠자리에 들기도 했다. 물론 한국에 비하면 아무것도 아니겠지만…. 어쨌든 한국과 달리 방과 후 자유시간이 많기 때문에 반드시 '선택과 집중'을 해야 한다. 너무 다양한 특별활동을 하느라 시간을 허비해서는 안 된다. 특기가 수십 가지나 된다고 대학이 좋아할 리는 없다. 그러니 자신의 적성과 재능에 맞게, 그리고 부족한 부분을 채울 수 있는 활동에 주로 시간을 쓰면 된다. 만약 해야 할 일이 많다고 판단된다면 나름대로 우선순위를 만들어 중요하고 급한 일을 먼저 해야 한다. 그다지 중요하지 않은 활동을 하면서 시간을 보내면 정작 해야 할 일을 내일로 미루게 된다. 하지만 하루에 30분 정도는 독서나 악기 연주에 할애하자.

주말 주말에 미국 아이들은 대체로 쉬는 시간을 갖는다. 보통 금요일이나 토요일 밤이면 파티가 있기 마련이고 파티가 없더라도 친구 집에 가거나 밖에서 시간을 보낸다. 물론 그렇다고 해서 주말을 흥청망청 놀면서 보내라는 말은 아니다. 여유가 있다면 그래도 되겠지만 미국에 막 도착한 나로서는 예습하면서 시간을 보내야 했다. 특히 대부분의 아이들은 12학년 2학기를 편하게 보내는 편이지만 나는 프린스턴 대학교에서 가장 어려운 코스 중 하나라는 유기화학(Organic Chemistry)을 수강하는 바람에 주말에도 공부하는 경우가 많았다. 그러나 주말에는 여유를 가지고 사교적인 활동을 하거나 일주일 동안 쌓인 스트레스를 푸는 것이 좋다. 단, 나처럼 유학을 온 경우 부족한 영어공부나 미진한 과목을 따라잡는 데 시간을 할애해야 한다.

여름방학　솔직히 난 여름방학을 헛되이 보낸 경우다. 8학년이 끝난 여름엔 몇 권의 책밖에 읽지 못했고, 9학년이 끝난 여름엔 근처 작은 대학교에서 스페인어를 들었을 뿐이다. 그리고 10학년이 끝난 여름엔 아주 짧은 컨퍼런스(National Young Leaders Conference)에서 돈만 날리고 왔다. 스페인어 수업을 들은 9학년 여름이 비교적으로 알찬 방학이었지만 그 전 여름이나 그 다음 여름은 시간낭비만 했다.

그래도 11학년을 끝내고 지낸 여름방학이 가장 알찼다고 생각한다. AP 물리(AP Physics)로 월반할 겸 하버드도 체험해볼 생각으로 하버드 여름학교(Harvard Summer School)에 등록했다. 하버드에서 8주 동안 살면서 기초물리를 들었는데 나의 RA(Residential Adviser)였던 하버드 4학년생과 여러 얘기를 나누며 하버드에 대해 더 자세히 알 수 있었다. 여름을 공부하며 보낸 것도 있지만 무엇보다 하버드를 미리 경험할 수 있어 좋았다.

미국에서 여름방학을 알차게 보내야 하는 이유는 대학 지원서에 여름방학에 대해 쓰는 칸이 따로 있기 때문이다. 여름방학에는 보수를 받고 일하는 것이 좋다. 대학들은 이런 학생들이 돈의 가치를 알고 스스로 벌어 쓰는 버릇, 즉 독립심이 있다고 판단한다. 따라서 여름방학에는 돈도 벌고 대학입시에도 도움도 되며, 돈의 가치도 깨달을 수 있는 최적의 활동이 무엇인지 고민해야 한다. 방학이 시작되기 전에 미리 계획을 세워야 한다. 미국의 여름방학은 우리나라와 달리 두 달 이상이나 된다. 무조건 공부만 한다거나 노는 계획을 세우기보다는 대학 지원서에 쓸 만한 일, 생산적인 경제활동에 참여한다거나 평소에 할 수 없는 색다른 경험을 하는 것이 좋다. 물론 여러 번의 여름방학이 있으니 공부가 부족하다고 느낄 때는 그 분야를 깊이 파고들어야 한다.

● SAT 점수에 목매지 마라

많은 학생들이 SAT 점수에 연연하는데 이는 잘못된 생각이다. 아직도 모든 것을 숫자로 결정하는 한국의 정서 때문인지 몰라도 많은 한국 학생들이 SAT 점수에 목매는 경향이 있다. 물론 SAT가 중요하지 않다는 말은 절대로 아니다. 대학에서 그 점수를 요구하는 이유는 그만큼 대학입시에 영향을 끼칠 만한 가치가 있기 때문이다. 하지만 SAT가 전부는 아니다. IVY 리그뿐만 아니라 다른 어느 대학 입시처에 물어봐도 가장 중요한 것은 고등학교 성적, 즉 내신이라는 대답을 들을 것이다. 그러므로 내신에 주로 신경을 쓰되 SAT에도 소홀히 하지 않으면 된다. 미국의 대학은 내신, SAT 점수, 선생님들의 추천서, 에세이, 인터뷰 등 여러 분야를 종합해서 합격 여부를 결정한다. 이것은 사람을 단순히 숫자가 아닌 사람으로 이해하고 판단하려는 노력이다.

대부분의 학교가 SAT I 과 SAT II를 요구한다. 거의 모든 학교가 ACT(ACT는 SAT와 달리 영어, 수학 외에도 과학도 출제된다. ACT는 학교에서 배우는 내용을 중심으로 출제되기 때문에 어떤 학생들에게는 SAT보다 더 쉽게 느껴질 수도 있다. 반면에 SAT는 그 학생의 논리성을 시험하기 때문에 학교성적과 일치하지 않을 수도 있다. 그래도 그런 경우는 극히 드물다)도 함께 인정하는데 시험 보는 내용이 조금 다르다. SAT I은 작년 봄에 바뀌어 세 부분으로 나뉜다. Critical Reading(비판적 읽기), Math(수학), Writing(쓰기). SAT에 대해선 수없이 많은 책들이 다루고 있기 때문에 자세한 내용은 생략하고 내가 준비한 방법을 소개하고자 한다. 미국에도 프린스턴 리뷰*Princeton Review*나 캐플랜*Kaplan*, 배런스*Barron´s* 같은 학원이 곳곳에 있다. 나는 한국에서도 그랬지만 학원 체질이 아니어서 SAT 준비를 위해 한 번도 가지 않았지만 거기서 효과를 봤다는 친구도 있었다. SAT 준비를 위해 내가 공부한 책은 하나뿐이다. College Board(www.collegeboard.com에서는 AP 모의고사나 예시문제를 무료로 제공하고 있다)에서 출판하는 Official Study Guide for the New SAT이다. 물론 프린스턴 리뷰, 캐플랜 등에서 만든 여러 문제집이 있지만 난 SAT를 직접 주관하는 College Board에서 출판하는 책이 가장 유용하다고 생각한다.

이 책에는 모의고사뿐만 아니라 시험 분석도 포함되어 있다. 늘 모의고사를 칠 때마다 주어진 시간을 엄격히 지켰고 책 대신 빈

종이에 답을 썼다. 풀어가면서 찍은 문제들을 따로 표시하면서 풀어나갔다. 그리고 다 마친 뒤 채점을 하고 나서 곧바로 다시 돌아가 틀린 문제와 찍은 문제들을 왜 틀렸는지, 찍은 문제들은 과연 맞았는지 틀렸는지 나만의 설명을 써놓았다. 그러면서 나만의 SAT 푸는 방법을 연구하기 시작했다. 예를 들어 Critical Reading에서 답은 대개 본문 안에 있다. 특히 제시문이 긴 문제는 제시문에 쓰인 단어를 그대로 답에 활용하는 경우가 대부분이다. 이에 반해 짧은 제시문으로 되어 있는 문제들은 답을 제시문에서 바로 찾기보다는 논리적으로 생각해서 답해야 한다.

SAT II에는 여러 과목이 포함되는데, 특별히 공부하는 방법이 있다기보다 여러 문제집을 풀어보는 수밖에 없다. College Board에서도 SAT II 책을 출판하긴 하는데 과목마다 모의고사가 하나밖에 없어 크게 유용하진 않다. 무슨 시험이든 준비하는 방법은 문제를 많이 풀어서 문제유형에 익숙해지는 것이다. 따라서 거의 모든 SAT II 준비는 도서관이나 서점에서 문제집을 풀어보는 것이다. 캐플랜과 배런스 외에도 문제집의 종류는 많다. 풀고 나선 SAT I 같이 다시 검토하는 것이 중요하다.

SAT 점수 역시 어느 정도 이상이면 문제가 되질 않는다. 2400점 만점에 2200점 정도를 받으면 IVY리그에 지원해 들어갈 수 있고 2250점 정도면 SAT 점수 때문에 떨어지는 일은 없을 것이다. 사실 2400점 만점짜리 학생이라면 숫자상으로 IVY리그 대학에 모두 합격할 수 있다. 그럼에도 불구하고 매년 수없이 많은 SAT 만점 학생들이 떨어지는데, 그것은 미국대학들이 SAT점수만 가지고 학생을 뽑지 않는다는 증거다.

흔히 SAT를 우리나라 수능시험으로 생각하는 경향이 있는 것 같다. SAT와 수능시험은 다른 점이 많다. 첫째, SAT는 3시간 정도 걸리며 출제되는 내용은 영어와 수학뿐이다. 무엇보다 SAT는 한 해에 여러 번 있으며 언제라도 더 볼 수 있다. IVY리그 외에 미국의 대부분 대학들이 여러 개의 SAT 점수 중에서 각 과목별로 가장 높은 점수를 선택해 합산한다. 즉 총점이 가장 높은 SAT 점수를 택하는 것이 아니라 영어 과목의 가장 높게 받은 점수를 택하고, 수학 과목의 가장 높은 점수를 택하여 총점을 계산한다. 따라서 처음 본 시험에서 수학을 만점 받고 두 번째서 시험에선 나머지 영어 두 과목을 만점받는다면, 그 학생의 SAT 총점은 만점으로 처리된다.

● AP 준비

AP(Advanced Placement)는 고등학교 과정을 다 마친 11학년 혹은 12학년들을 위해 설립된 대학교 수준의 시험이다. 한국에서 AP 수업을 실제로 제공하는 학교는 민족사관학교나 몇몇 특목고들 뿐이다. 물론 AP는 수업을 받지 않아도 공부를 해서 시험볼 수 있다. AP는 고등학교 과정을 넘어서 대학교 수준의 지식을 요구하는데 미국사, 영어, 생물, 라틴어 등 여러 과목의 수업이 제공된다. 곧 있으면 일본어와 중국어도 제공될 것이라고 한다. AP는 미국 고등학교에서 가장 어려운 등급의 과정이라고 볼 수 있다. AP는 대학교 과정의 내용을 소화하기 때문에 많은 대학들은 학생이 AP에서 일정한 점수를 받으면 대학교 학점으로 인정해준다. 주의할 것은 어떤 학교들은 아무리 만점을 받아도 학점처리가 되지 않는다는 점이다. MIT의 경우에는 과학 AP에서 만점을 받아도 학점으로 인정해주지 않고, 예일대의 경우 수학이나 화학 같은 과목을 학점으로 인정받지는 못해도 그 다음 단계부터 시작할 수는 있다.

학교마다 AP의 수도 다양하다. 물론 그 말은 AP 수업을 전혀 제공하지 않는 학교도 있다는 말이다. 프린스턴 고등학교의 경우 19개의 AP 수업을 제공한다. 여기서 미국 대학입시와 한국 대학입시는 큰 차이를 보인다. 미국대학은 주어진 환경에서 훌륭히 해낸 학생을 더 원한다는 것이다. 즉 AP가 아예 제공되지 않는 고등학교에서 졸업한 학생은 AP 시험을 전혀 보지 않아도 내신성적과 SAT, 특별활동 등에서 탁월한 성과가 있는 한 입시에 불리하지 않다. 오히려 20개 정도 AP 수업을 들을 수 있는 고등학교에서 졸업한 학생이 1~2개만 AP 시험을 봤다면 불리할 수 있다. 충분히 도전하여 성취할 수 있는 목표가 있음에도 불구하고 도전하지 않은 것으로 판단하기 때문이다.

그렇다고 AP시험을 많이 본다고 무조건 좋은 것은 아니다. 난 AP 시험을 총 6개를 보았다. 11학년 때 AP Calculus BC(미적분학), AP Chemistry(화학), AP US History(미국사) 시험을 쳤다. 어떤 인도인 친구는 AP 시험을 12학년 때까지 12개를 보았는데 예일대 수시에 합격하지 못했다. 그러나 수학과 영어만 AP 시험을 본 고등학교 전교 1등 친구는 스탠퍼드대학을 제외하고 지원한 학교에서 모두 합격했다. AP 시험은 입시에도 도움이 되지만 무엇보다 대학 학점을 미리 받는 것이 주요 목적이다.

AP 시험은 5점이 만점이며 대학의 A학점에 해당한다. 최근에 AP 시험을 보는 학생들이 부쩍 늘어 IVY리그를 비롯한 많은 학교들이 이젠 AP 시험조차 학점으로 인정하지 않는 경우가 많아지고 있다. 그러므로 해당 학교의 웹 사이트에서 AP 시험 학점 인정에 대해 미리 알아봐야 한다.

● 에세이 잘 쓰는 법

에세이는 어떤 주제를 써도 문제가 되지 않는다. 에세이는 수치화된 성적이 아니라 그 사람의 가치관, 됨됨이를 보고자 존재하는 것이다. 따라서 원서에 들어 있는 내용은 되도록 피하자. 원서에 적은 내용으로는 보여줄 수 없는 자신의 진짜 모습을 강조할 수 있어야 한다. 그리고 숫자로 차별화할 수 없는 자신의 감성, 가치관을 표현해야 한다. 즉 자신이 얼마나 인간미가 넘치는지 얼마나 창의적인 사람인지 표현하면 좋다. 학교의 논술과 달리 에세이는 개인적인 소재여도 좋고 '나' 라는 말을 많이 쓸 필요가 있다. 다만 자랑이나 거만한 태도는 보이지 않는 것이 좋다.

감동시킬 만한 에세이도 좋다. 혹은 아무도 생각지 못한 주제도 좋다. 어떤 학생은 레모네이드의 관한 에세이를 써서 IVY리그 중 하나인 브라운대학 에 합격했다. 물론 에세이가 전부는 아니겠지만 레모네이드 같이 상큼하고 새로운 소재에 기분 나쁠 사람이 어디 있겠는가. 그리고 각 대학마다 에세이 주제가 다르다는 것을 명심해야 한다. 시카고 대학은 엉뚱한 에세이 문제로 유명하다. 예를 들어 2년 전의 에세이 문제는 머스터드 소스에 대한 것이었다! 만약 당신에게 된장이나 고추장 같은 소재로 글을 쓰라고 한다면 어떻게 썼을까? 다음은 어떤 학교에 제출하는 에세이든 꼭 지켜야 할 불문율 몇 가지다.

1) 주어진 문제에 답하자. 놀랍게도 매년 수만 명이 넘는 지원자가 주어진 문제에 답하지 않는 경우가 많다고 한다. 만약 지정된 주제가 있다면 그 주제를 정확히 파악하고 에세이를 쓰자.

2) 에세이는 내가 직접 쓰자. 입시 에세이는 나 자신이 어떤 사람인지 표현하기 위해서 있는 것이다. 나 자신을 제대로 표현할 수 있는 사람은 나 자신뿐이다. 그런 개인적인 에세이를 섬세하게 쓰기 위해서는 내가 직접 쓰는 수밖에 없다. 그리고 솔직하게 쓰자. 나 자신이 어떤 사람인지, 점수에 가려진 나의 내면을 보여줄 수 있는 기회다. 입시 담당자는 수많은 에세이를 몇 년 간 수두룩하게 읽어온 전문가들이다. 그만큼 솔직하지 못하거나 남이 써준 에세이는 금방 드러날 게 뻔하다.

3) 다른 사람에게 읽어달라고 하자. 문법도 문법이지만 내가 전하고자 하는 내용이 정확히 표현되었는지 다른 사람의 의견을 구할 필요가 있다. 자신은 무슨 뜻인지 분명하게 아는 부분일지라도 그 배경을 모르는 사람이 읽으면 전혀 모를 수 있다. 선생님뿐만 아니라 친구 그리고 부모님께도 보여드리자. 특히

부모님들은 우리의 생활을 꾸준히 지켜보셨기 때문에 새로운 시각에서 조언을 해주실 수 있다.

4) 참신한 소재와 주제로 써야 한다. 아무리 아이디어가 하찮아 보여도 그냥 넘어가지 말자. 어느 대학 입시처는 매년 수많은 에세이를 받는다. 그러다 보니 어떤 주제는 자주 반복된다고 한다. 나도 나에게 크게 영향을 끼친 어머니를 에세이 주제로 선택했지만 아마 수천 명의 다른 지원자들도 부모님을 택했을 것이다. 그뿐만 아니라 대통령, 선생님, 혹은 애완동물…. 이런 것들은 다른 사람들도 쉽게 생각해낼 수 있는 소재들이다. 따라서 시간을 가지고 차별화할 수 있는 소재와 주제를 고르자. 물론 방학동안 달라이 라마를 만났다면 그보다 더 좋은 일이 어디 있겠는가? 그러나 그런 일이 자신에게 일어나기를 기대할 수는 없다.

아무리 작은 주제라도 재미있게 쓸 수 있어야 한다. 내가 읽은 에세이 중 가장 기억에 남는 에세이는 샤워를 주제로 해서 쓴 글이었다. 그 사람은 샤워가 그의 인생에 얼마나 중요한지에 대해서 썼다. 그는 샤워를 통해 스트레스를 해소하기도 하고, 이해되지 않던 물리나 미적분 문제를 순식간에 풀기도 한다면서 샤워의 중요성을 말하고 있다. 샤워처럼 하찮아 보이는 소재가 한 사람에 대해 이렇게 많은 것을 알려줄 수 있다는 사실에 놀랐다. 아무리 하찮아 보이는 소재일지라도 나 자신을 잘 보여줄 수 있다면 참신하고 산뜻한 에세이가 될 수 있다.

5) 특별활동이나 성적은 이미 원서에 있는 내용이므로 가급적 피하자. 원서에 이미 있는 내용을 에세이에서 다시 읽고 싶은 사람은 아무도 없다. 그러므로 아무리 힘들게 SAT 만점을 받았든 특별활동에서 굉장한 성과를 거뒀든 가급적 이런 내용은 피하자. 물론 에세이 중간에 한두 문장으로 언급한다든지 만약 그 특별활동이나 성적이 나에게 큰 영향을 끼쳤다면 써도 크게 문제는 없다. 하지만 입시처 관계자에게 그것이 왜 중요한지 설명해야 한다.

6) 글로 그림을 그리자. 묘사와 상세한 설명을 통해 그림을 그리는 것만큼 확실하게 각인시키는 방법은 없다. 나중에 첨부한 내 에세이를 읽어봐도 알겠지만 글로 그림을 그려주면 입시처 담당자들의 기억에 더 선명하고 오랫동안 남을 수 있어 유리하다. 아니면 적절한 비유법을 사용해도 효과적일 수 있다. 예를 들어 이미 언급한 샤워에 대한 에세이에서 글쓴이는 샴푸를 마이크 삼아 노래를 부른다고 표현했는데, 이렇게 독특하고 웃음을 자아내는 글을 쓰면 더할 나위 없이 좋다.

7) 고치고 또 고치자. 한번으로는 부족하기 마련이다. 그렇다고 해서 너무 많이 고치지는 말자. 너무 많이 손보다 보면 오히려 나빠지는 경우도 있기 때문에 하루나 이틀, 일주일 정도 간격을 두고 4~5회 정도 수정하면 바람직하다. 고치면서 문법과 철자가 정확한지 분명히 확인하자. 이런 데서 틀리면 감점이 된다. 입시처로서는 성의 없이 보낸 원서라고 생각할 수 있다.

그리고 글의 길이가 주어진 조건에 맞는지도 확인하자.

8) 해당 학교의 고유 문제가 있는 경우 그 문제의 범위에서 벗어나지 않아야 한다. 많은 지원자들이 전혀 관계없는 내용을 쓰기도 하는데 이는 치명적이다. 그것은 성의를 보이지 않는 것으로 인식될 수 있기 때문에 미리 생각을 많이 하고 써야 한다. 자신이 희망하는 학교에 이미 간 선배들의 에세이를 읽어보는 것도 도움이 될 수 있다. 그러나 너무 많이 읽지는 말자. 그럴수록 에세이를 베낄 유혹에 빠지기 때문이다.

나는 한때 에세이 때문에 어머니와 크게 싸운 적이 있다. 어머니는 돈을 좀 주더라도 전문가에게 부탁하길 원했고 난 내가 다 쓰고 선생님이나 선배들에게 교정을 부탁하는 정도로 끝내려 했다. 결국엔 내 뜻대로 하기로 했고 내 초본을 선생님들, 선배들과 함께 교정해나갔다. 무엇보다도 나의 목소리, 나 자신의 생각을 에세이에 오롯이 담고 싶었다. 원서의 에세이는 나를 표현하는 것이지 다른 전문가의 의견을 빌리는 것이 아니기 때문이다. 물론 나는 미국에 온 지 4년 정도 밖에 안 되었다는 것을 인식시켰다. 그 외에도 다른 힘들었던 상황에 대해서도 썼지만(예를 들어 어머니에 대한 에세이) 내가 여기 덧붙인 에세이처럼 어찌 보면 하찮은 영어에 대해서도 에세이를 쓸 수 있다. 여기에 내가 쓴 에세이 중 예일대에 보낸 에세이를 소개하고자 한다.

The stench of the leaking gas permeated my nostrils as the real estate agent forcefully pushed open the door. Clenching my nose until it turned deep red, I looked around the room. The pieces of glass from the balcony's sliding door dangerously covered the unpolished, decaying wooden floor. The floor creaked so much that I was afraid it might collapse if I took another step. The previous tenant had graciously left behind a blue sofa full of holes, revealing the yellow sponge inside. I swung around to see the bathroom, only partially illuminated by the sunlight outside. Black mold covered the white tiles.

It was already day three, and I was still looking for a house to rent, having arrived in America with my mom just a week before. Activities like sliding my finger down newspaper columns, making millions of calls, and running back and forth to locate houses dominated my days. Everyday I negotiated with landlords, inquiring about the utilities, the local public high school, and access to public transportation. Then, I usually spent the next half an hour translating the extensive details of the contracts to my mom. By the end of the day, I would go to bed exhausted in anticipation of another day of crazed house hunting. As a teenager, I was not used to the idea of having the kind

of responsibility that adults usually handle. After all, not !
many teenagers have to look for a house.
However, I was not a typical teenager anymore. At the age of
fourteen, I had to guide and protect not only myself, but also
my mom. With Dad on the opposite side of the world and
Mom afraid of even going outside at first, I could no longer
blindly depend on my parents.
I had to be the one in charge.

Over the next three years, I got my mom her auto insurance
after comparing different insurance providers. I enrolled in
Highland Park Middle School and later transferred myself to
Princeton High School. Although I was used to the Korean
education system, which insists on rote memorization and
questions with one correct answer, I found my own way
through the American education system, which emphasizes
open discussions and creativity. Because my mom was also
used to the Korean education system, I gathered information on
my own to prepare for college. There was no one to cast a ray
of light to show me the path to take : I had to explore it myself.

In America, I am no longer a baby. I no longer rely on others
to solve problems for me. I no longer blindly depend on my
parents. I no longer expect others to show me the right path. I
am independent, ready to take on any new challenges to
come.

부동산업자가 문을 여는 순간, 새고 있던 가스의 악취가 내 코를 찔렀다. 코가 붉게 변할 때까지 코를 부여잡고 난 집 주위를 둘러보았다. 발코니 창문의 깨진 유리 조각들이 썩어가는 거친 마루바닥 위에 위험하게 널려 있었다. 바닥은 걸을 때마다 삐걱거려 한 걸음만 더 내디디면 마치 무너질 것 같았다. 전 세입자는 황송하게도 여기저기 찢어진 파란 소파를 놔두고 갔다. 그 사이로 안에 있는 노란 스펀지가 보인다. 빙글 돌아 화장실을 본다. 창밖의 햇살이 화장실에 조금 걸쳐 있다. 하얀 타일을 까만 곰팡이가 덮고 있을 뿐이다.

어머니와 미국에 온 지 일주일, 집 구하기를 시작한 지 3일이 넘었건만, 난 아직도 임대할 집을 찾고 있다. 매일 신문을 뒤지고, 여러 곳에 전화를 하고, 집을 찾으러 다니는 것으로 시간을 보냈다. 매번 난 집 주인에게 관리요금, 근처 공립고등학교, 그리고 대중교통수단에 대해 물었다. 그리고 나선 30분 정도 어머니에게 계약서를 자세하게 번역해드리곤 했다. 밤이 되면 난 피곤한 나머지 깊은 잠이 들어버렸다. 내일 또 다른 집을 찾는 전쟁을 위해서. 어른이라면 쉽게 해결할 수 있는 일이 십대 소년인 나에게는 익숙치 않았다. 정말로 내 또래 십대 소년 중 집을 찾아 구해야 했던 적은 없을 것이다.

그러나 나는 그때 이미 보통 십대 소년이 아니었다. 겨우 열네 살에 나는 나뿐만 아니라 어머니도 안내하고 보호해야 했다. 아버지는 세상 반대쪽에 계셨고, 어머니는 처음에 밖에 나가시는 것조차 두려워했기에, 나는 더 이상 부모님에게 의지할 수 없었다. 내가 앞장서야 했다.

그 후 나는 자동차보험을 여러 군데 비교해본 후 어머니께 자동차보험을 구해드렸다. 또 하일랜드 파크 중학교에 혼자 입학하였고 나중엔 프린스턴 고등학교에 스스로 전학했다. 비록 내가 단순암기와 한 가지 정답을 요구하던 한국식 교육방법에 익숙해져 있었음에도 불구하고, 온전히 내 힘으로 토론과 창의성을 강조하는 미국식 교육을 헤쳐 나갔다. 어머니께서도 미국 교육 시스템에 대한 지식이 없었기 때문에, 난 내 힘으로 정보를 모아 대학준비를 해야 했다. 나에게 빛 한 줌을 선사하며 내가 선택할 길을 보여줄 사람은 없었다. 스스로 직접 부딪쳐야 했다.

미국에서 나는 더 이상 꼬마가 아니다. 나는 더 이상 다른 이들에게 내 문제들을 풀어달라고 의지하지 않는다. 나는 더 이상 부모님들에게 무조건 의지하지 않는다. 나는 더 이상 다른 사람이 나의 길을 선택하도록 도와주기를 마냥 기다리지 않는다. 나는 독립하였다. 그리고 나는 어떠한 도전에도 맞설 준비가 되어 있다.

에세이를 쓸 때 다음 사항들을 체크해보자. 첫째, 묘사법은 구체적이고 자세한가? 예를 들어 '그 집은 낡고 썩어가고 있었다'라고 하는 대신 그림 그리듯 묘사를 하는 것이 좋다. 형용사를 많이 쓰되 전체를 표현하기보단 물체나 그 그림의 한 부분을 묘사하자. 둘째, 단어를 적절하게 사용했는가? 어려운 단어는 쓸데없이 쓰지 않는 것이 좋다. 일부러 사전을 찾아가며 어려운 단어를 쓰면 티가 난다. 어려운 단어라도 적절하게 써야 효과적이다. 단어 지식은 이미 SAT 점수로 뽐냈다고 생각하면 된다.

셋째, 구체적인 표현이 주제와 잘 어우러져 있는가? 묘사에만 치중하여 메시지가 없거나, 메시지는 있지만 너무 추상적인 글은 바람직하지 않다. 그림 같은 묘사는 사람을 빨아들이는 효과가 있으므로 묘사로 에세이를 시작하는 것도 좋다. 넷째, 매력적으로 도입부를 시작했는가? 입시처는 매일 수십 건에 이르는 원서와 에세이를 읽어야 한다. 비슷한 내용도 많기 때문에 지치기 쉽다. 따라서 시작을 특이하고 매력적으로 쓰는 것도 고려해볼 만하다. 물론 여기에는 위험요소가 따른다. 하지만 생각해보자. 하버드대에 입학한 어떤 학생은 에세이의 시작을 "나는 여자 속옷 만지는 것을 좋아한다"라고 했다. 어느 누가 이 에세이에 집중하지 않겠는가.

● 추천서

IVY리그뿐만 아니라 많은 학교들이 적어도 1개 이상의 추천서를 요구한다. 기본적으로 입시상담 선생님의 'Guidance Counselor' 추천서를 요구하고 많은 학교들이 다른 선생님 한 분의 추천서를 더 원한다. IVY리그를 비롯한 상위 학교들은 두 선생님의 추천서를 요구한다. 물론 10학년, 11학년, 그리고 12학년 때 가르친 선생님 중 어떤 과목의 선생님도 괜찮다고 한다. 추천서를 구할 땐 먼저 나를 잘 아는 선생님께 부탁하는 것이 좋다. 특히 미국은 솔직하게 쓰는 선생님도 많기 때문에 별로 맘에 들어 하지 않는 선생님을 택했다 낭패를 보는 경우도 있다. 아마 합격할 학생이 불합격이 되진 않겠지만 합격 편지가 대기조 편지가 될 수는 있다. 그 중 한 분은 영어 선생님을 택하도록 하자. 물론 대학 측에서는 별 차이가 없다고 하지만 글 솜씨는 사람의 글쓰기 능력에 따라 천차만별이다. 영어 선생님은 대체로 글을 잘 쓰기 때문에 더 화려하고 자세하게 쓸 수 있다. 그리고 두 분을 선택할 때 한 분은 문과, 다른 한 분은 이과를 택하자. 그리고 희망하는 학교에 진학한 선배들에게 물어서 글을 잘 쓰는 선생님들이 누군지 미리 알아보는 것도 필요하다.

난 화학 선생님과 라틴어 선생님께 부탁했다. 화학 선생님은 비록 11학년 때 AP 수업만을 가르치셨지만 과학 올림피아드를 준비하면서 3년간이나 알고 지낸 분이다. 그래서 나에 대해 자세히 아시고 나의 장점을 충분히 추천서에 표현할 수 있을 거라 믿었다. 그리고 무엇보다도 IVY리그에 많은 학생들을 합격시킨 경험이 있으셨다. 라틴어 선생님 역시 10학년 때부터 라틴어를 들어 잘 아는 분이었고 나를 많이 아껴주셨기 때문에 부탁드렸다. 추천서는 11학년 말 쯤에 부탁하는 것이 좋다. 그리고 선생님께 나에 대한 거의 모든 정보를 드리는 게 좋다. SAT 성적, AP 성적, GPA, 특별활동, 리더 경험, 봉사활동 등 대학 원서를 준비한다는 마음으로 부탁해야 한다.

추천서에서 조심해야 할 것은 요구한 이상의 추천서는 보내지 말라는 것이다. 설령 미국 대통령 추천서일지라도 잘 모르는 사람이 쓴다거나 필요 이상의 추천서를 보내면 대학 입시처는 싫어하거나 대수롭지 않게 여긴다. 특별한 사람의 추천서가 내 원서에 색다른 관점을 부각하지 않는다면 안 하는 것이 차라리 낫다. 예일대에는 매년 2만 명 이상이 지원한다. 이 학생들이 모두 3개의 추천서를 보내는데(과목 선생님 두 분과 입시상담 선생님), 그러면 대학 입시처에서는 6만 장이 넘는 추천서를 읽어야 한다. 모든 일이 지나치면 부족한 것만 못한 법이다.

● 원서 쓸 때 주의사항

원서는 크게 두 종류로 나뉜다. 하나는 많은 대학이 공통으로 사용하는 커먼앱(Common Application : 인터넷 사이트 www.commonapp.org 참고)이고 다른 하나는 대학의 고유지원서이다. 하버드대나 예일대는 학생들의 손쉬운 지원을 고려하여 고유지원서가 없다. 따라서 많은 학생들은 커먼앱으로 여러 학교에 쓸 원서를 하나로 줄일 수 있다. 그에 반해 프린스턴대 같은 경우는 커먼앱 이외에 프린스턴대만의 원서도 있다. 내용은 그리 다르지 않기 때문에 학교 측에서는 어느 원서를 쓰든 상관없다고 한다. MIT나 칼텍(CalTech : California Institute of Technology)의 경우는 커먼앱을 쓰지 않는다. 따라서 이런 학교에 지원하기 위해서는 따로 원서를 준비해야 한다.

원서는 되도록 온라인으로 보내는 것이 좋다. 거의 모든 대학이 온라인 신청을 권유한다. 이유는 온라인이 대학 측이나 학생에게도 간편하고 안전하기 때문이다. 온라인으로 지원하면 학교에서 즉시 원서를 받았다는 연락이 오기 때문에 원서를 받았는지 안 받았는지도 크게 걱정하지 않아도 된다. 만약 우편으로 보낼 경우 그것이 중간에 유실될 확률이 온라인보다 높다. 그리고 무

엇보다도 우편으로 보낸 원서는 입시처에서 다시 학교 내 네트워
크에 입력해야 한다. 또 온라인은 빠르고 정확하기 때문에 굳이
우편으로 보낼 이유는 없다.

세상의 모든 엄마는
위대해질 수 있다!

　나는 정확히 5년 만에 완전히 귀국하였다. 5년 전 출국할 때 친정 부모님은 생전에 막내딸을 다시는 보지 못할까봐 눈물을 흘리셨다. 두 분 모두 팔순이 넘으셨으니 그럴 만도 하다. 짧다면 짧고 길다면 긴 5년이라는 세월 동안 우리 가족은 큰 변화를 겪었다. 이제는 오랜 항해 끝에 돌아와 마음이 넉넉한 부자가 되었다.
　작년 여름 잠깐 한국에 들어왔을 때 주변에서 책을 한번 써보는 것이 어떻겠느냐고 부추겼다. '뭐 대단한 일이라고! 다른 사람이 쓴 책도 많은데 나까지 보탤 것 있나? 괜히 조기유학이나 부추기지 말아야겠다'고 생각했었다. 그러나 귀국하고 보니 조기유학 열기가 무척 뜨거웠다. 또 TV에서는 기러기 가족에 대한 부정적인 측면만을 보도하고 있어 안타까웠다. 성공적으로 조기유학을 마친 경우도 있는데 언론의 조명을 받지 못한 듯했다. 그것이 저널리즘의 속성이라고 생각하면서도 한편으로는 그것을 바로잡아야겠다고 결심했다. 물론 장려할 일은 아니지만 늘어나는 '기러기 가족'을 막을 수 없다면 그들에게 바람직한 성공모델을 제시해주자는 것이 나의 집필 동기였다.

그런데 대부분의 책들은 우리나라의 특목고·민사고 출신이나 미국 사립고 출신의 성공담이었다. 우리는 미국의 일반 고교를 졸업하고 합격한 경우이다. 실질적으로 미래에 조기유학을 계획하는 부모라면 모든 것을 학교 측에서 해주는 사립고보다 공립고를 목표로 할 텐데 그들에게 더 도움이 되었으면 하는 마음에 이 책을 쓴 것이다. 주변에 내가 아는 기러기 가족만 해도 열 가족이 넘는다. 그 중에 줄리아드 음대에 들어간 집도 있고, 주립의 명문인 미시간 대학에 진학한 경우도 있다. 마약에 빠지거나 우울증에 걸린 기러기 가족은 본 적이 없다. 조금만 신경 쓰면 미국에서도 누구든지 원하는 목표를 이룰 수 있다. 그래서 조기유학을 꿈꾸는 이들에게 용기와 모험심을 심어주고 싶다.

내가 책을 쓰는 것은 나에게 또 다른 도전이었다. 조그만 크리스마스카드도 다 메우지 못하는 글 솜씨이지만 망설임 끝에 시도하고 여기까지 왔다. 나의 실력으론 모든 것을 짜내야 하는 고통이었지만 늦은 밤까지 컴퓨터 앞에 앉아 있게 하는 열정이 있어서 행복했다. 처음 시작한 타자 솜씨도 이제는 많이 늘었다. 처음에는 컴퓨터 자판이 익숙지 않아 손이 생각을 못 따라가서 문맥을 놓쳐버리는 일이 많았다. 이런 이유로 나의 미숙하고 빈약한 글이 용서받을 일은 아니지만 말이다.

세상의 모든 엄마들은 자녀교육에 많은 공을 쏟는다. 외국에

나가보니 우리나라 뿐 아니라 중국, 인도도 만만치 않다. 이들과
도 경쟁해야 하는 아이들은 우리 세대보다 더 많은 어려움을 견
뎌야 할 것이다. 그만큼 자녀교육에서 엄마가 차지하는 비중은
크다. 유태인 교육도 자세히 들여다보면 엄마의 역할을 강조하고
있다. 내가 알기로는, 유태인 여자가 국제결혼을 했을 경우 자식
은 당연히 유태인으로 받아들여지지만 유태인 남자가 국제결혼
을 한 경우는 그렇지 않다고 한다. 이는 엄마가 유태인이면 당연
히 어릴 적 아이에게 유태인 교육이(주로 종교) 몸에 배기 때문이
라고 한다.

　요즘 자신의 능력을 과소평가하는 젊은 엄마들을 자주 본다.
아이의 학원비 마련을 위해 파출부든 도우미든 가리지 않는다는
보도를 접할 때 안쓰러운 생각마저 든다. 엄마의 실력이 대단해
야 하는 것은 아니다. 나와 재형이의 사례가 이를 뒷받침하지 않
는가? 교육비 부담이 더욱 커진 지금 나의 이야기를 들려주어 나
와 생각을 같이 하는 엄마들에게 힘이 되고 싶다. 꼭 나처럼 하라
는 얘기가 아니다. 자신이 처한 환경과 능력에 맞게 융통성을 발
휘해야 하며, 길이 정해졌으면 주변에서 뭐라고 하든지 끝까지
밀고 나가라고 당부하고 싶다. 그 길이 옳다면 언젠가는 목적지
에 도착할 것이다. 그러니 불가능해 보인다고 포기하지 말고 불
가능을 향해 거침없이 도전하라.

나에게 힘이 되는
소중한 사람들에게

이것은 예일대 1학년 과정을 마치고 쓰는 글이다. 고등학교 4년과 입시전쟁이 마치 엊그제 같은데 어느새 대학교 1년을 마쳤다고 생각하니 새삼스럽게 시간이 참 빠름을 느낀다. 예일대 합격은 부모님과 내가 4년 반 동안에 일구어낸 결과였다. 합격은 지금도 믿기질 않는다. 솔직히 처음에는 예일대 같은 학교는 천재들만 가는 줄 알았다. 난 분명 천재가 아니다. 그러나 나를 믿고 이런 모험을 하신 부모님을 차마 저버릴 수 없었기에 나는 모든 것을 쏟았고 마침내 예일대에 합격했다. 그러나 아직도 난 부모님께 큰 빚을 진 느낌이다.

무엇보다 감사할 사람들이 셀 수 없이 많다. 내 뒤에서 언제나 힘이 되어주신 부모님, 두 분 없이는 이 자리에 내가 결코 설 수 없었다. 세상 어느 누구보다 존경하는 분들이다. 그리고 나를 가르치신 선생님들, 특히 성숙함과 겸손함을 가르치신 봉오 초등학교 4학년 김경란 담임 선생님, 그리고 미국으로 떠나는 나에게 잘할 거라며 믿음을 주신 중학교 2학년 정은진 담임 선생님께 감사의 마음을 보낸다. 특히 정은진 선생님의 '믿음'이라는 한 마디가 아직도 나에겐 큰 힘이 된다. 그리고 한국에 사는 친구들, 미국에서 새로 사귄 친구들, 특히 고등학교와 대학교에 적응하도록 도와주었고 이제는 나에겐 둘도 없이 소중한 그들에게도 무척 고맙다(I wouldn't be here with you all, especially Kate, Hayley, David, Chris, Marcus, Rebecca, Susan, Caity, Taylor and Ben).

그래서 나는 다시 달리려고 한다. 더 넓고 험난한 세상이 내 앞에 기다리고 있기에 조금은 두렵다. 하지만 나에게 힘이 되는 사람들이 있기에 그리고 그들의 기대와 믿음을 저버릴 수 없기에 나는 다시 달린다. 부모님, 선생님, 친구들, 모두 그들을 사랑하고 그들이 고맙기 때문에 더욱 힘이 난다. 그리고 그 고마움으로 이 책을 마무리한다.

● ● ● 이경자

대학을 졸업하고 결혼한 후 가정주부로서 평범한 삶을 살아왔다. 학원과 사교육에 아이를 무작정 맡길 수 없다는 생각에 남다른 관심과 열정으로 아이를 지도했다. 아이가 자람에 따라 부족함을 깨닫고 마흔이 넘은 나이에 숭실대학교 교육대학원 영어교육과에 진학했다. 그리고 아이가 중학교 2학년 때 아이와 함께 미국 유학길을 떠났다. 4년 반 만에 아이가 예일대에 합격한 뒤 한국으로 돌아왔다. 뉴저지 대학(The state University of New Jersey)을 거쳐 Mercer county community college에 재학중이다. 아이 못지않게 공부 욕심이 많아 다시 미국유학을 준비중이다.

● ● ● 류재형

87년 대구에서 태어나 경기도, 강원도, 충청도를 돌며 유년시절을 보냈다. 2002년 서울 윤중 중학교 2학년 말에 어머니와 단 둘이서 미국 조기유학을 떠났다. 하일랜드 파크 중학교(Highland Park Middle School)와 프린스턴 고등학교(Princeton High School)를 졸업하고 2006년 9월 예일 대학교(Yale University)에 입학했다. 그는 세계 최고의 신경외과 의사가 되겠다는 비전을 향해 끊임없이 도전하고 있다.

한언의 사명선언문

Since 3rd day of January, 1998

Our Mission
- 우리는 새로운 지식을 창출, 전파하여 전 인류가 이를 공유케 함으로써 인류문화의 발전과 행복에 이바지한다.
- 우리는 끊임없이 학습하는 조직으로서 자신과 조직의 발전을 위해 쉼없이 노력하며, 궁극적으로는 세계적 컨텐츠 그룹을 지향한다.
- 우리는 정신적, 물질적으로 최고 수준의 복지를 실현하기 위해 노력하며, 명실공히 초일류 사원들의 집합체로서 부끄럼없이 행동한다.

Our Vision   한언은 컨텐츠 기업의 선도적 성공모델이 된다.

저희 한언인들은 위와 같은 사명을 항상 가슴 속에 간직하고
좋은 책을 만들기 위해 최선을 다하고 있습니다.
독자 여러분의 아낌없는 충고와 격려를 부탁드립니다.

· 한언 가족 ·

HanEon's Mission statement

Our Mission
- We create and broadcast new knowledge for the advancement and happiness of the whole human race.
- We do our best to improve ourselves and the organization, with the ultimate goal of striving to be the best content group in the world.
- We try to realize the highest quality of welfare system in both mental and physical ways and we behave in a manner that reflects our mission as proud members of HanEon Community.

Our Vision   HanEon will be the leading Success Model of the content group.